W0094548

GÜTERSLOHER
VERLAGSHAUS

Meiner Mutter,
Elena Cornelia Reschika, geb. Huniade † 2011,
die so gern im Schwarzen Meer schwamm,
in Liebe und Dankbarkeit gewidmet.

»Und immer ins Ungebundene
gehet eine Sehnsucht ...«

Friedrich Hölderlin

Richard Reschika

MEER, DU BERÜHRST MEINE SEELE

Ein maritimes Lesebuch

Gütersloher Verlagshaus

INHALT

7 VORWORT

12 EINLEITUNG: Stoff des Lebens und der Träume

20 **EIN MEER – SIEBEN WIRKLICHKEITEN**

21 I. GÖTTIN, MUTTER UND VERFÜHRERIN
Das Meer der Mythen und Märchen

33 II. ERSTES PRINZIP ALLES SEIENDEN
Das Meer der Philosophen

49 III. SEELENABGRÜNDE UND OZEANISCHE GEFÜHLE
Das Meer der Psychologen

69 IV. ABENTEUERLICHE LEBENSFAHRT
Das Meer der Dichter

85 V. VON TÜRKIS BIS TIEFBLAU
Das Meer der Maler

101 VI. EROTISCHER ZWEITAKT-RHYTHMUS
Das Meer der Musiker

121 VII. ERLEBNIS DER EWIGKEIT
Das Meer der Mystiker

136 STATT EINES SCHLUSSWORTES: Eine Fantasiereise
ans Meer, eine kleine Meer-Meditation mit offenen
Augen und Meer-Zen oder Die Kunst der großen Wellen

141 ANMERKUNGEN

154 LITERATUR

158 DER AUTOR

VORWORT

Das Beste ist das Wasser.

Pindar

Als meine Leidenschaft für das Meer erwachte, hatte ich das fünfunddreißigste Lebensjahr bereits überschritten. Am Rande der rumänischen Karpaten geboren, galt meine Liebe bis dahin ausschließlich der Welt der Berge und Täler. Doch damit stehe ich keineswegs alleine da. Auf diesen erstaunlichen inneren Wandel hin angesprochen, berichten mir seitdem viele Menschen von ganz ähnlichen Erfahrungen. Bei einigen von ihnen setzte die große Passion für das Meer, für alles Maritime, Nautische interessanterweise desgleichen erst in der zweiten Lebenshälfte ein: *nel mezzo del cammin di nostra vita,* um mit Dante Alighieris (1265 - 1321) *Divina Commedia* zu sprechen. Über die Gründe und Ursachen dafür lässt sich freilich nur spekulieren, gibt es keine gesicherten psychologischen Erkenntnisse. Nur von der späten Liebe weiß man, dass sie in der Regel beständiger ist ...

Vielleicht hat diese große Sehnsucht nach dem Meer ja mit einem stärker werdenden Wunsch nach Entgrenzung, nach einer »Einkehr aus der Vereinzelung der Individuation in das Bewusstsein der Einheit mit allem, was ist«[1] zu tun, wie Malvida von Meysenbug (1816 - 1903), die Nietzsche-Freundin, die Überwindung des philosophischen *principium individuationis* umschrieben hat. Möglicherweise drückt sich in dieser Haltung aber auch – wie der Tiefenpsychologe Sándor Ferenczi (1873 - 1933), ein Schüler Sigmund Freuds, mutmaßt – der regressive Wunsch nach einer Rückkehr in das »Meer« im Leib der Mutter aus oder gar zu unserer in der Urzeit der Evolution verlassenen »Meer-Existenz«. Böse Zungen behaupten indes, dass die Menschen lediglich aus Gründen der Bequemlichkeit das Meer wählen würden, wo man sich das grandiose Panorama eben nicht erst wie in den Bergen mühsam erwandern muss, man sich der Muße und Beschaulichkeit, dem *Dolce far niente,* der glücklichen Apathie – oder vornehmer ausgedrückt der Kultur des Otium – ohne Umschweife hingeben kann. Doch wie dem auch sei.

Zweifelsfrei fest steht, dass die jeweilige Landschaft, in die man hineingeboren wird, in der man aufwächst, einen zwar prägen mag, aber nicht zwangsläufig ein ganzes Leben lang zum dezidierten Berg- *oder* Tiefland- beziehungsweise Meerliebhaber macht, man seine Vorlieben und Abneigungen einmal mehr, zum Glück sogar in radikaler Art und Weise, zu ändern vermag. Selbstredend gibt es Mischtypen, Naturliebhaber, die sich für das Meer, das Tiefland wie das Gebirge gleichermaßen zu begeistern vermögen und keinem Landschaftstypus den eindeutigen Vorzug geben würden.

Denn während die Seele, so der Philosoph Georg Simmel (1858 - 1918), »ihr eigenes Lebensgefühl in das Meer transportiert«, in diese »überwältigende Dynamik« und das »ziellose Spiel seines Rhythmus'«, sei das Leben im Hochgebirge »von etwas umfangen und in etwas hineingewebt, das stiller und starrer ist, reiner und höher als das Leben je sein kann«.[2] Dem Hochgebirge, im Falle Simmels, den Alpen, eine größere transzendente Wirkung auf die menschliche Seele zuschreiben zu wollen als dem Meer, bleibt selbstredend ein subjektives Unterfangen. Ein Meerliebhaber könnte mit guten Argumenten das Gleiche vom Meer behaupten.

Der alten Frage, warum Menschen sich zu einer bestimmten Landschaft hingezogen fühlen, geht seit den 1980er-Jahren ein neuer Wissenschaftszweig, die so genannte Landschaftspsychologie nach, der wir uns noch widmen werden. Ein Forschungsergebnis sei jedoch schon vorweggenommen: Mit zunehmendem Alter wächst auch die Empfänglichkeit für die (unberührte) Natur.

In meinem Fall lagen die Dinge jedoch anders. Ich hatte die Fronten ein für alle Mal gewechselt. Fortan wurde das Meer – und nicht mehr das Gebirge – zur bevorzugten Projektionsfläche meiner Sehnsüchte. Den Ausschlag dafür gaben vor allem diverse Reisen ans und auf dem Ägäische/n Meer: zum Peloponnes sowie zu den Inseln *Samos* und *Santorini*. Besonders *Thera*, wie die Griechen die südlichste Kykladeninsel Santorini nennen, hatte es mir angetan. Ja, noch viel mehr: Seit ich Santorini kenne, das nicht nur die meisten Sonnenstunden in ganz Griechenland aufweist, sondern auch mit trockenen Weiß- und Süßweinen von höchster Qualitätsstufe aufwartet – der *Vinsanto* wurde früher sogar von der orthodoxen Kirche als Messwein verwendet –, hat mein persönliches, nur in meiner Imagination angesiedeltes Elysium konkrete geographische Koordinaten bekommen: 36° 25' N-Breite, 25° 26' O-Länge. »Hierher ihr Zecher! / Hier reift der Gott des Feuers Feuertrauben / Und hat das Eiland selbst geformt zum Becher.«[3], dichtete schon Emanuel Geibel (1815 - 1884) in seinem *Ritornelle von den griechischen Inseln* über *Santorin*.

Um das Jahr 1645 v. Chr. hatte sich dort ein gewaltiger Vulkanausbruch ereignet, der die Insel, diese »Perle der Ägäis«, förmlich auseinanderriss und die daher von einigen Forschern mit dem legendären, erstmals bei Platon (428/427 - 348/347) erwähnten Untergang von Atlantis in Zusammenhang gebracht wird: »Indem aber in späterer Zeit gewaltige Erdbeben und Überschwemmungen eintraten ..., indem nur ein schlimmer Tag und eine schlimme Nacht hereinbrach, (wurde) in gleicher Weise auch die Insel Atlantis durch Versinken in das Meer den Augen entzogen.«[4], heißt es in Platons Dialog *Timaios*. Dieses versunkene Reich sollte in den kommenden Jahrhunderten zum Symbol für das verlorene Paradies beziehungsweise das Goldene Zeitalter avancieren. Wer sich für die Vulkanausbrüche, aber auch die sensationellen archäologischen Funde auf Santorin interessiert, kommt, nebenbei bemerkt, um ein Buch nicht umhin: Ferdinand

André Fouqués *Santorin et ses éruptions* aus dem Jahre 1879, das es mittlerweile auch auf Englisch zu lesen gibt[5] – ein Klassiker der geologisch-vulkanologischen Literatur und ein Muss für alle Fans dieser Trauminsel.

Bei der Niederschrift dieser Zeilen erreicht mich die freudige Nachricht, dass die Leserinnen und Leser der auflagenstarken US-Reisezeitschrift *Travel + Leisure* das griechische Santorin-Archipel zur schönsten Insel der Welt 2011 gekürt haben: Heiland, was für ein Eiland!

Zu meinen unvergessenen Meer-Erlebnissen zählt folgendes: Eines Nachtmittags machten wir bei schönstem Sommerwetter einen Bootsausflug in die *Caldera*, wie der Meer-Kessel vulkanischen Ursprungs nicht nur auf Spanisch, sondern auch bei den Griechen heißt. Nach Zwischenstopps und kurzen Landgängen auf den kleinen Vulkaninseln *Palea* und *Nea Kameni*, der Alten und Neuen Verbrannten, sowie auf der etwas größeren Insel *Thirassia* fuhren wir in Richtung des Seefahrer- und späteren Künstlerstädtchens *Oia* mit seinen leuchtend weißen Häuserkuben und seinen blauen Kirchenkuppeln, die beide einen markanten Kontrast zum dunklen Lavagestein der dreihundert Meter hohen, steil abfallenden Felswände an der Westküste Santorinis bilden.

Ausnahmslos alle Passagiere blickten nun erwartungsvoll gen Sonnenuntergang. Um diesen noch intensiver, noch konzentrierter erleben zu können, ließ der Kapitän den Motor abstellen. Man hörte nur noch das sanfte rhythmische Plätschern der Wellen gegen die schaukelnde Bootswand. Es herrschte eine andächtige, fast religiöse Stimmung. Der Sonnenuntergang hüllte das Meer in ein mild leuchtendes Abendlicht. Wohl kaum einer an Bord konnte sich einem Gefühl der Erhabenheit, aber auch einer gewissen Nachdenklichkeit und Melancholie des Abschiednehmens entziehen – selbst jene eifrigen »Sammler von Sonnenuntergängen« nicht, die geschäftig ihre Kameras in Position brachten, um dieses majestätische, die Vergänglichkeit allen Seins (schließlich war sogar die sagenumwobene Hochkultur Atlantis einmal untergegangen!) so sinnfällig vor Augen führende Schauspiel doch noch festzuhalten, es zumindest auf analoge oder digitale Art und Weise zu bannen.

Bemerkenswerterweise vermochte das Moment des Flüchtigen, Vorübergehenden letzten Endes aber nicht die Oberhand zu gewinnen. Selbst dann nicht, als die fingernagelgroße rötliche Sonne hinter dem Horizont, jener feinen Naht zwischen Meer und Himmel, verschwunden war und die mystische blaue Stunde einsetzte. Denn angesichts des dunkler werdenden Meers und des heraufziehenden Nachthimmels mit seinen ersten, noch blass funkelnden Sternen hatte man zugleich den untrüglichen Eindruck von etwas Zeitlosem, Überzeitlichen. Und vielleicht sind es ja gerade diese beiden einander eigentlich ausschließenden, einen schroffen Gegensatz darstellenden Momente, die – jenseits aller offensichtlichen ästhetischen Qualitäten des grandiosen Naturschauspiels – den eigentlichen Reiz und Zauber von Sonnenuntergängen ausmachen: die Erfahrung des Transitorischen in paradoxem Verbund mit dem Unwandelbarem, Ewigen: coincidentia oppositorum, der Zusammenfall der Gegensätze.

Dieser Sonnenuntergang sollte noch lange in meinem Inneren nachschwingen, tut es immer noch, und wurde im Nachhinein sogar zu einem wesentlichen Impulsgeber, das vorliegende Buch über die Faszination des Meeres zu schreiben und dadurch herauszufinden, *warum* und *wie* es unsere Seele berührt. Auch glaube ich seither ein besseres Verständnis jenes berühmten Satzes gewonnen zu haben, den Vincent van Gogh aus Arles im September 1888, zwei Jahr vor seinem Tod, in einem Brief an seinen Bruder Theo schrieb: »Die Hoffnung durch einen Stern ausdrücken. Die Leidenschaft eines Menschen durch einen strahlenden Sonnenuntergang.«[6]

Freiburg an der Dreisam, im September 2011

Richard Reschika

EINLEITUNG: STOFF DES LEBENS UND DER TRÄUME

Ich bin, du weißt es, Meer, dein Schüler
und mög ich nie verleugnen, dass du mein Meister bist.
Rafael Alberti

»Das Meer bedeutet mir alles! Es bedeckt sieben Zehntel unseres Erdballs. Sein Hauch ist rein und wohltuend. Es ist eine unermessliche Wüste, wo der Mensch niemals einsam ist, denn er fühlt, wie das Leben um ihn herum pulsiert. Das Meer ist das Medium des Übernatürlichen, Phantastischen, es ist einzig Bewegung, Hingabe, die lebendige Unendlichkeit ...«[7] Wer kennt sie nicht, Kapitän Nemos pathetische Liebeserklärung an das Meer aus Jules Vernes 1869/70 veröffentlichtem Roman *Vingt mille lieues sous les mers* (20.000 Meilen unter den Meeren), in dem der französische Science-Fiction-Autor mit seiner Nautilus die technische Entwicklung des Unterseebootes hellsichtig vorwegnimmt?! Ist es doch gerade das Meer, das für den Protagonisten des Romans zur zweiten, zur besseren Heimat wird, nachdem dieser, von schweren Schicksalsschlägen getroffen, der Welt den Rücken zu kehren beschließt, um in den geheimnisvollen Tiefen der Weltmeere allerlei fantastische Abenteuer zu erleben, vom Kampf mit einem Riesenkraken bis hin zur Entdeckung des sagenhaften Atlantis.

»Nach dem Sternenhimmel ist das Größte und Schönste, was Gott erschaffen hat, das Meer«[8], behauptete etwa um die gleiche Zeit der österreichische Dichter Adalbert Stifter (1805 - 1868). Sein deutscher Kollege Thomas Mann (1975 - 1955), der in Lübeck an der Ostsee Geborene und Jahre lang in Santa Monica an der nordamerikanischen Pazifikküste im Exil Lebende, ging noch einen Schritt weiter, als er schrieb, dass das Meer gar »keine Landschaft«, sondern das »Erlebnis der Ewigkeit« sei, ein »metaphysischer Traum«.[9] In der Tat, wie kaum ein anderer Ort auf der Welt zieht das Meer die Menschen bis heute geradezu magisch an. Für viele wurde es zur großen Leidenschaft ihres Lebens: nicht nur zur Urlaubszeit und keineswegs nur für Regatta-Segler, Apnoe-Taucher, Big-Wave- und Kite-Surfer ...

Das Meer spricht all unsere Sinne unmittelbar und intensiv an: ein Gesamtkunstwerk. Wir sehen seine, je nach Breitengrad, türkisfarbene bis tiefblaue, in der Sonne glitzernde Oberfläche sich bis zum Horizont erstrecken – diesen zuweilen unmerklich in den Himmel übergehen. Wir hören den sanften zweitaktigen (erotischen) Rhythmus des Wellenschlags, aber auch die tobende Brandung am Strand. Wir riechen die salzige, würzige Brise. Und wir spüren seine kühle, erquickende Nässe auf unserer Haut, vermögen ganz und gar darin einzutauchen, ahnen seine Tiefe. Kurzum, das Meer macht uns glücklich.

»A clear horizon, no clouds, no shadows, nothing ...«[10], antwortete der die menschlichen Seelenabgründe auslotende Filmemacher Alfred Hitchcock (1899 - 1980) auf die Frage nach seiner persönlichen Vorstellung vom Glück. Die unter schweren Depressionen leidende US-amerikanische Schriftstellerin Sylvia Plath (1932 - 1963) sah das Meer sogar als ein echtes Therapeutikum an. In ihren *Briefe(n) nach Hause* schrieb sie: »Ich möchte da sein, wo nichts mich an die Vergangenheit erinnert, am Meer, das für mich die große Heilende ist.«[11] War es der von ihr immer wieder heraufbeschworene »Atem des Meeres«, der ihr half, ihr – allzu kurzes – Leben zu fristen?

Dabei wissen wir – und nicht erst seit der südostasiatischen Flutkatastrophe im Jahre 2004 und dem japanischen, einen nuklearen Gau bewirkenden Tsunami 2011 – zugleich um das Abgründige, die tödliche Gefahr, die von ihm ausgehen kann, um unsere eigene Kleinheit, unsere Kreatürlichkeit und um seine ganze Erhabenheit. »Morgen vergehst Du, doch ich vergehe nie. Deine

Gebeine werden in der Erde ruhen, ja schon nach wenigen Jahrhunderten zu Staub zerfallen sein, doch ich werde majestätisch und unberührt mein großes, gleichmäßiges Leben weiterführen, das mich Stunde für Stunde im harmonischen Einklang mit den fernen Welten hält.«[12], lässt der bedeutende französische Kulturhistoriker Jules Michelet (1798 - 1874) das Meer zum Menschen sagen. Ein Gedanke, den Michel Foucault aufgreifen wird, wenn er am Ende seines modernen philosophischen Klassikers über *Die Ordnung der Dinge* (Les mots et les choses) aus dem Jahre 1966 die Wette eingeht, dass eines Tages »der Mensch verschwindet wie am Meeresufer ein Gesicht im Sand«[13].

Was für das Erhabene, das Sublime des Meeres gilt – wir folgen hier dem Religionsphänomenologen Rudolf Otto (1869 - 1937) –, gilt in gleicher Weise für das Heilige: Das Übermächtige, das Energische, das Numinose – auch das »Ganz Andere« genannt – erstaunt, fasziniert und ängstigt gleichermaßen: »... das ›Ganz andere‹ (ist) das Fremde und Befremdende, das aus dem Bereich des Gewohnten, Verstandenen und Vertrauten und darum ›Heimlichen‹ überhaupt Herausfallende und zu ihm in Gegensatz sich Setzende und *darum* das Gemüt mit starrem Staunen Erfüllende.«[14] Himmel und Abgrund gehören zusammen.

Für diese doppel-, wenn nicht gegensinnige Erhabenheit des Meeres, seine Janusköpfigkeit haben die Japaner ein eigenes Wort: *kashikoshi*. Mit ihm verbinden sie einerseits eine schrecken- oder respekteinflößende Macht, das Gefühl des Respekts selbst, das man einer Autorität, einer »erhabenen« Erscheinung überhaupt entgegenbringt, und andererseits das Erstrebens- und Wünschenswerte, das Geschickte, die Gewandtheit, das Außerordentliche, Extreme. Das Meer ist für sie mithin bedrohlicher Angst- und Trostraum in einem. Letzteres sogar im Sinne des Todes, haben die Japaner seit alters her doch die Oberfläche des Meeres als Grenze zu einer anderen, einer jenseitigen Welt aufgefasst, welche die Anhänger des Amida-Buddhismus als »Reines Land« (jôdo) bezeichnen.[15] Auch *Tsunami* ist ein japanisches Wort, wobei *Tsu* »Hafen« und *nami* »Welle« bedeutet – wir es folglich mit einer Welle zu tun haben, die besonders in Häfen große Verwüstungen anrichtet.

Trotzdem: Die Offenheit, Tiefe, Weite und Ferne des Meeres wirkt seit jeher vor allem beruhigend, entspannend und wohltuend auf Körper, Seele und Geist: »Das freie Meer befreit den Geist«, stellte Johann Wolfgang von Goethe (1749 - 1832) im zweiten Teil seines *Faust* fest. Ob vom Strand im Liegestuhl oder von einem Schiff aus, das Meer lädt desgleichen – und zwar auf eine ganz natürliche, unaufdringliche Art und Weise – zum Träumen, zum Fantasieren und nicht zuletzt zur Kontemplation ein, tief schürfende Gedanken inklusive. Kaum ein Naturschauspiel lässt sich mit einem Sonnenuntergang am Meer vergleichen, ist majestätischer. Den Blick endlos schweifen lassen, das niemals langweilig werdende Spiel der Wellen beobachten, frei durchatmen, alle Sorgen vergessen, nichts denken, einfach im Hier und Jetzt verweilen, sich für Augenblicke ganz mit der Natur verbunden fühlen, mit ihr verschmelzen.

Nicht wenige Menschen sprechen in diesem Zusammenhang sogar von einer Art Flow-Erlebnis, jenem Phänomen, das der 1934 geborene ungarisch-amerikanische Psychologe Prof. Dr. Mihaly Csikszentmihalyi ab Mitte der 1970er-Jahre in seinen Büchern ausführlich analysiert hat: Das angenehme, freudige, mitunter ekstatische Gefühl, im Fluss zu sein, über die Begrenzungen des Ich hinauszuwachsen und ganz in dem aufzugehen, was man gerade tut.

Mit den poetischen Worten des Beatniks Jack Kerouac (1922 - 1969) aus seiner frühen, erst 2010 publizierten Erzählung *The sea is my brother* (Mein Bruder, die See): »... das wohltuende Auf und Ab des Schiffes, das den Horizont umspannende Meer, das satte, klare Geräusch des die Wellen zerteilenden Buges ... und die langen Stunden, die er an Deck in der Sonne liegen würde, das Spiel der Wolken beobachtend und berauscht von der vollen, feuchten Brise. Ein einfaches Leben! Ein ernstes Leben! Sich die See zu Eigen machen, über sie zu wachen, ja, die Seele in sie zu versenken, sie zu akzeptieren und zu lieben, als zählte und existierte allein sie!«[16]

Zwischen Mensch und Meer scheint es eine besondere Resonanz zu geben. Doch was genau löst das Meer in unserem Gemüt aus, worin besteht eigentlich seine Faszination, sein Eros? »Ich selbst kann mir im Grunde nicht erklären, warum das Meer eine solche Faszination auf mich ausübt. Es spricht zu mir, mit leiser, ernster Stimme, und jeder neue Aspekt, den ich an ihm entdecke, versetzt meinen Geist in sympathetische Schwingungen, so wie die zarten Borstenhaare einer Krabbe noch die feinste Bewegung des Wassers registrieren«[17], gesteht James Hamilton-Paterson in seiner Essaysammlung *Vom Meer. Über die Romantik von Sonnenuntergängen, die Mystik des grünen Blitzes und die dunkle Seite von Delfinen* aus dem Jahre 2010.

Freilich, die Biologen sagen uns, dass alles Leben auf der Erde vor Millionen Jahren aus dem Meer kam und dass auch unser Körper zu rund zwei Dritteln aus Wasser besteht, ja wir selbst neun Monate lang eine gleichsam ozeanische Erfahrung *en miniature* gemacht haben. Ein Gedanke, den wir bereits aus vielen Weltschöpfungsmythen her kennen, die den ersten Impuls der Schöpfung in den Wasser-Schoß des Chaos, oftmals dargestellt durch eine Muttergottheit, verlegen beziehungsweise in einer Urzeitflut die Quelle allen Lebens entdecken.

Doch neben den positiven Archetypen der fruchtbaren, Schutz gewährenden Meergöttin gibt es von Beginn an auch den negativen Archetypus der verführerischen Wasserfrau, etwa in Gestalt der homerischen Vogelfrauen-Sirenen oder der Nymphen, Najaden, Nixen, Melusinen, Undinen und Meerjungfrauen, die – halb Frau, halb Fisch – den Mann mit ihrer Schönheit und ihrem Gesang in die Tiefe ziehen und in ihr unterirdisches Reich locken, aus dem er nie wieder auftaucht. Dem Meer der Mythen und Märchen ist unser Anfangskapitel *Göttin, Mutter und Verführerin* gewidmet.

Das Wasser stand aber auch am Beginn der Philosophie. War es doch der griechische Naturphilosoph und Vorsokratiker Thales von Milet, der um 600 v. Chr. an der Westküste Kleinasiens, in der heutigen Türkei, im Wasser das erste Prinzip und den Grundstoff alles Seienden erkannte. Spätestens seit Friedrich Nietzsche (1844 - 1900) dient das Meer – etwa in seinem *Zarathustra* – auch als Metapher für ein neues, ein dynamisches Denken – ein Philosophieren, das alles Fixe, Schematische zu überwinden trachtet und nicht müde wird, nach dem Glück Ausschau zu halten: »Es gibt noch eine andere Welt zu entdecken – und mehr als eine! Auf die Schiffe, ihr Philosophen!«[18], ruft der Philosoph mit dem Hammer in seiner *Fröhlichen Wissenschaft* seinen Zunftgenossen zu. Desgleichen geht es dem Philosophieren heute weniger denn je darum, zu einem bestimmten Ziel zu gelangen – zu einem System, einer Kategorientafel. In seinen autobiographischen Schriften beschreibt Karl Jaspers (1883 - 1969), wie die frühe Begegnung mit dem Meer, in Norderney, ihn zur Philosophie brachte.

Psychologen gilt das Meer als Sinnbild unerschöpflicher Lebenskraft, aber auch des alles verschlingenden Abgrundes, insofern in der Psychoanalyse dem Doppelgesicht der gebenden und nehmenden, gewährenden und strafenden Großen Mutter verwandt. Als Reservoir zahlloser ungehobener Schätze und im Dunkel verborgener Gestalten ist das Meer vor allem Sinnbild des Unbewussten, der Tiefenschichten der Persönlichkeit. Darüber hinaus sahen Psychologen im Meer ein Symbol des Weiblichen überhaupt und versuchten dem von vielen Menschen erlebten, ans Religiöse grenzenden »ozeanischen Gefühl« im Sinne einer Allverbundenheit mit dem Ganzen auf den Grund zu gehen.

Auch die Dichter beschwören immer wieder eine enge Verwandtschaft zwischen Meer und Mensch. Viele Schriftsteller finden seit nunmehr zweitausend Jahren in der abenteuerlichen *Lebensfahrt auf dem Meer der Welt* eine unvergleichlich starke, anschauliche Daseinsmetapher, einen Topos, den sie stets aufs Neue variieren – das Meer, das Schiff, das Scheitern, der Hafen usw. –, von Seneca und Augustinus über Andreas Gryphius und Ludwig Tieck bis hin zu Friedrich Nietzsche, Franz Kafka und Hans Magnus Enzensberger, bei dem diese tradierten Sinnbilder allerdings vollends ihre Symbolkraft einbüßen sollten.

Seit dem Goldenen Zeitalter der holländischen Malerei im 17. Jahrhundert etablierte sich die Marine- beziehungsweise Seemalerei als eine Sondergattung der Landschaftsmalerei. Doch erst Anfang des 19. Jahrhunderts entdeckte die Malerei die Darstellung der »leeren See«. Von den Romantikern Caspar David Friedrich und William Turner lässt sich dergestalt über Claude Monet und Emil Nolde bis hin zu den modernen Seestücken eines Gerhard Richter ein großer Bogen schlagen. Denn all den Genannten ist trotz unterschiedlichster Ausdrucksformen eines gemeinsam: Der bewusste Verzicht auf alles unnötige Beiwerk in der malerischen Darstellung des Meeres, die direkte Auseinandersetzung mit seinen elementaren, atmosphärischen, emotionalen und nicht zuletzt metaphysischen Aspekten.

Zur schier unerschöpflichen Inspirationsquelle sollte das Meer spätestens seit Claude Debussys »symphonischer Skizze« *La Mer* aus dem Jahre 1905 auch für die Komponisten der Klassik werden. Unser musikalischer Streifzug wird uns unter dem Titel *Erotischer Zweitakt-Rhythmus – Das Meer der Musiker* jedoch desgleichen durch die moderne Rock- und Popmusik führen: zu den Beatles-Songs *Yellow Submarine* und *Octopus's Garden*, zu Pink Floyds Stück *Echoes* sowie zu Robert Wyatts sehnsüchtig-melancholischem *Sea Song* aus dem legendären Album *Rock Bottom*.

Als unermesslich große Fläche wurde das Meer vor allem in den großen Religionen und Mystiken der Welt, nicht nur der christlichen, zu einem der bildmächtigsten Symbole der Unendlichkeit, des Absoluten. Dabei werden die einzelnen Wassertropfen oftmals mit dem Menschen beziehungsweise mit seiner Seele gleichgesetzt. Viele Mystiker vergleichen ihre ekstatische *Unio mystica* mit dem Einswerden von Tropfen und Meer. Die letzte unserer sieben Meer-Dimensionen *Erlebnis der Ewigkeit* ist daher den religiösen Erkenntnissen und spirituellen Erfahrungen gewidmet, die vor allem christliche Mystikerinnen und Mystiker im Laufe der Jahrhunderte mit dem Meer gemacht haben: dem äußeren wie dem inneren, dem sichtbaren wie dem verborgenen Meer.

Dergestalt versuchen wir im vorliegenden Buch, uns dem faszinierenden Geheimnis »Meer« von verschiedenen Seiten her zu nähern: seine mythologische, seine (natur-)philosophische, aber auch seine tiefenpsychologische, poetische, malerische, musikalische und mystisch-religiöse Dimension auszuloten.

Den Abschluss des Buches bildet ein Kapitel, das den theoretischen, kulturhistorischen Part des Buches praktisch ergänzt, und zwar in Gestalt einer Fantasiereise ans Meer sowie einer Meer-Meditation mit offenen Augen.

Warum gewährt der Anblick
des Meeres ein so unendliches und
ewiges Entzücken? Weil das Meer
gleichzeitig die Vorstellung
der Unermesslichkeit und
der Bewegung erweckt.
Charles Baudelaire

WIRKLICHKEITEN

I. GÖTTIN, MUTTER
UND VERFÜHRERIN

Das Meer der Mythen
und Märchen

Aus dem Meer stieg dort
die Ehrfurcht gebietende, schöne Göttin,
Blüten sprossen unter den Schritten ihrer Füße ...
Hesiod

Das Meer ist weiblich. Dafür spricht nicht nur die Tatsache, dass sein grammatisches Geschlecht in vielen Sprachen der Welt wie beispielsweise im Französischen weiblich ist: *la mère* – wie auch, sehr passend, der Mond: *la lune*. Und nicht zu vergessen: alle Schiffe, samt ihren holzgeschnitzten mystischen Galionsfiguren, die sie auf Kurs halten und vor Unglück bewahren sollen! Im Deutschen mag der Gebrauch des Neutrums im Allgemeinen durch das Vorhandensein lebloser Dinge veranlasst sein, wobei sich allerdings die Frage stellt, warum ausgerecht »das« Meer, also jene Quelle, jener Schoß allen Lebens, zu den toten Dingen gezählt werden soll ...?! Einmal mehr scheint die Logik der Sprache die Wirklichkeit nach ihren eigenen Regeln zu strukturieren und ihr dabei nicht gerecht zu werden.

Denn: *Omnis vita ex mare*, wussten doch schon die Römer. »Unsere Wiesen, unsere irdischen Wälder scheinen öd und leer, vergleicht man sie mit denen des Meeres«[19], konstatierte rund zweitausend Jahre später Charles Darwin (1809 - 1882), den Erkenntnissen seiner Zeit wie immer weit voraus. Die See ist vielmehr ohne jeden Zweifel – so Jules Michelet, dieser gelehrte Poet des Meeres aus dem 19. Jahrhundert – »wohl eine etwas heftige Mutter, aber doch eine Mutter«[20]. Sie ist sogar »die große Mutter und Amme der Lebewesen«[21], »das große Weib des Erdballs, dessen nie versiegendes Begehren, dessen unausgesetztes Empfangen und Gebären ohne Ende ist«[22]. Erst dieses »Milchmeer« mit seinem »gallertartigen Wasser«[23], dessen »schnellere Fruchtbarkeit«[24] die der Erde um ein Vielfaches übersteigt, verleiht einem großen Künstler gleich »der Erde die göttlichen, gesegneten Formen, in denen sich das Wirken und Zeugen der Liebe gefällt.

Mit seinen Liebkosungen rundete es die Ufer und gab ihnen die mütterlichen Umrisse, ich möchte sagen: die sichtbare Zärtlichkeit des weiblichen Busens, all das, was für das Kind so sanft und unerlässlich ist, Schutz, Wärme und Ruhe.«[25]

Kurzum: »Sie (die See) ist unsere große liebe Mutter«, wie James Joyce in seinem zwischen den Jahren 1914 und 1921 entstandenen Jahrhundertroman *Ulysses* sagt. Selbst Ernest Hemingway setzt in seinem Roman *Der alte Mann und das Meer* (1952) Letzteres ausdrücklich mit dem Weiblichen, genauer gesagt, mit der launenhaften weiblichen Psyche gleich – ein seit der Antike bestehender Topos, den der Super-Macho nur allzu gern aufgreift: »Aber der alte Mann dachte immer an sie (die See) als an etwas Weibliches, als etwas, was große Gunst gewähren oder vorenthalten kann, und wenn sie wilde oder böse Dinge tat, geschah es, weil sie nicht anders konnte. Der Mond beeinflusst sie, wie er eine Frau beeinflusst, dachte er.«[26] Der Mond bewirkt nicht nur die Gezeiten des Meeres, sondern steht – zumindest traditionell – in engem Zusammenhang mit dem Menstruationszyklus der Frauen.

Wie das Wasser wird auch das Meer in vielen Kulturen seit jeher mit dem Weiblichen, Fruchtbaren und Lebendigen in Verbindung gebracht. In der chinesischen Philosophie des Taoismus ist alles Wässrige eindeutig dem weiblichen Yin-Prinzip zugeordnet, das auch für alles Dunkle, Kalte und Passive steht – im Gegensatz zum männlichen Yang-Prinzip, das für das Helle, Warme, Aktive und den Himmel steht. Und selbst das metaphysische, allumfassende Prinzip des Tao, das allen Erscheinungen zugrunde liegt, wird bevorzugt mit dem Wasser verknüpft, wie Richard Wilhelm, der große Sinologe und Übersetzer von Laotses (ca. 6. Jahrhundert v. Chr.) *Tao Te King*, ausführt: »Auch sonst vergleicht (Laotse) das Tao mit dem Wasser, das dadurch so mächtig ist, dass es unten weilt und an Plätzen, die sonst allgemein verabscheut werden, oder er findet im Tal, im Meer, in den tiefen Strömen ein Gleichnis des Tao, denn sie alle halten sich unten und können alles Wasser, das in sie einfließt, aufnehmen, ohne voll zu werden oder überzulaufen. Denn auch das Tao ist leere und wird nie voll.«[27] Am Anfang war das Wasser ...

Mit dem Meer brachte man in vielen polytheistischen Religionen und Mythologien seit jeher auch und gerade Meeres*göttinnen* in engen, engsten Zusammenhang. Zu den prominentesten Göttinnen dürfte im abendländisch-orientalischen Umkreis zweifellos Aphrodite zählen, die vor allem in der griechischen Mythologie nicht nur als Göttin der Liebe, Schönheit und sinnlichen Begierde, sondern auch als Göttin des Meeres verehrt wurde. Ihr wollen wir uns im Folgenden näher widmen.

Dass Aphrodite, die bei den Römern ihre Entsprechung in Venus finden sollte, mit dem Meer verbunden wurde, legt bereits ihr Geburtsmythos nahe. Wir erinnern uns: Dem griechischen Dichter Hesiod (um 700 v. Chr.) zufolge, war Aphrodite die Tochter des Uranos, dessen Sohn Kronos ihm, auf den Rat seiner Mutter Gaia, die Geschlechtsteile mit einem Sichelhieb abschnitt und diese hinter sich ins Meer warf. Das Blut und der Samen vermischten sich mit dem Meer, welches ringsum aufschäumte und daraus Aphrodite gebar. Diesem Mythos verdankt Aphrodite auch ihren Beinamen »die Schaumgeborene«, denn *aphros* heißt auf Griechisch »Schaum«.

Andere Quellen berichten indes, sie sei in einer Muschel geboren, wie es beispielsweise der Renaissancekünstler Sandro Botticelli in seinem in den Uffizien von Florenz zu bewundernden Gemälde der römischen Göttin Venus (1485/86) darstellt: Züchtig ihre Nacktheit unter ihren Händen und ihrem langen blonden Haar verbergend, steht sie madonnenhaft mit traurigen Augen vor uns – im Hintergrund das Meer mit leicht gekräuselten, golddurchwirkten Wellen.

Im Laufe der Zeit avancierte Aphrodite – wie die späterhin mit ihr gleichgesetzte ägyptische Göttin *Isis* – zur Herrin und Schutzpatronin der Seefahrt. Die meisten antiken Schiffe verfügten sogar über einen eigenen Aphrodite-Altar. Und so verwundert es nicht, dass gerade gefährliche und dem Meer ausgesetzte Bergeshöhen und -plateaus zu bevorzugten Plätzen ihrer Tempel wurden, von denen aus *Aphrodite Pelagaia* – die Meergöttin – unter dem Beinamen *Euploia* (= glückliche Reise) für eine gute Schifffahrt und als *Galenaia* (= schönes Wetter) für ruhige Winde sorgte: »Der älteste und heiligste aller ihrer Tempel in Griechenland stand auf der felsigen, ziemlich unwirtlichen Insel Kythera vor der Ostspitze des Peloponnes. Er war so hoch auf einer Berg- und Hügelterrasse gelegen, dass jedes Handelsschiff aus Libyen oder Ägypten oder von der phönikischen Küste ihn sehen konnte, das in den darunterliegenden Hafen von Skandeia einfuhr.«[28], schreibt Geoffrey Grigson über die Göttin des Meeres und der Liebe.

Auch auf Zypern finden sich mehrere Aphroditentempel an exponierter Stelle – hier am eindrucksvollsten wohl auf dem »blauen Berg« von Stavrovouni. Von ihrem hohen Plateau aus blickte Aphrodite, die Wächterin und Herrin der Brandung, hinaus auf die vorbeigleitenden Schiffe. Die Aphrodite geweihten Tempel erfüllten im Mittelmeerraum zugleich die Funktion von religiösen Leuchttürmen und Wegweisern, die – allegorisch betrachtet – auch die Klippen der Liebe umschiffen halfen, wie sie andererseits Liebenden »heimleuchteten«, die das Meer voneinander trennte. Bei dem griechischen Epigrammdichter Antipatros von Sidon (2. Jahrhundert v. Chr.) lesen wir die Verse:

Dieser Tempel, in dem ich
an mächtiger Woge als Herrin
über das feuchte Gestad hier
mich erhebe, ist klein,
aber mir lieb.

Gern
seh ich's, wenn Schauer verbreitend die weite
Meerflut sich aufbäumt
und wenn Schiffer sich retten zu mir.
Bete zu mir, die Kypris!
Dann sende ich dir in der Liebe
oder in Meeres Azur
gerne behilflichen Wind.[29]

Unterstützt wurde Aphrodite in ihrer Rolle als Besänftigerin der Meeresfluten aber auch von einem heiligen Tier: dem Delphin, der häufig ihre Statuen schmückt. Und dies nicht ohne Grund: Gelten Delphine doch bis heute gleichsam als Seismographen für günstige Witterungsverhältnisse. Denn sobald Delphine auftauchen, besteht die Aussicht, dass die Wellen sich legen. In der griechischen Mythologie wurden diese Meeressäuger auch als Retter in der Not dargestellt. Delphine zu töten, kam deshalb einem Sakrileg gegen Aphrodite gleich.

Dass erotisierend wirkende Pflanzen mit dem unwiderstehlichen Liebreiz der Meeresgöttin in Zusammenhang gebracht und als Aphrodisiakum bezeichnet werden, liegt im Übrigen an den vielen amourösen Abenteuern, die man Aphrodite nachsagte: Verheiratet mit Hephaistos, dem Gott des Feuers und der Schmiedekunst, war sie notorisch untreu, wenig wählerisch und nutzte bei Sterblichen wie Göttern jede Gelegenheit.

Viele mit dem Meer verbundene Göttinnen werden in den Religionen und Mythologien darüber hinaus als Urmütter (Magna Mater) betrachtet: »Die meisten Mythen verlegen den ersten Impuls der Schöpfung in den Wasser-Schoß des Chaos oder der ›Formlosigkeit‹, der für die Große Mutter (...) stand«, stellt Barbara G. Walker in ihrem Buch über *Das geheime Wissen der Frauen* (2003) zu Recht fest, denn: »Dieses Bild entspricht in der Tat der Unfähigkeit, zwischen dem Selbst und Anderen oder dem Selbst und der Mutter zu unterscheiden; damit drückt es eine Erfahrung aus, die ein Kind im Mutterleib macht und unbewusst als archetypisches Bild sein Leben lang erinnert. Der Mutter-Buchstabe M (Ma) war ein Ideogramm für die Wellen des Wassers. (...) Die Übereinstimmung zwischen ›Wasser‹ und ›Mutter‹ war selbst im Mittelalter, als das mütterliche Prinzip in den theoretischen Überlegungen nichts galt, derartig universell, dass (viele) behaupteten, nicht Gott, sondern die mütterliche Erde und das mütterliche Wasser hätten die Seelen geschaffen. Die Heiligtümer der Göttin standen nahezu immer mit Brunnen, Quellen, Seen oder Meeren in Verbindung.«[30] Dass es einen ursprünglichen Zusammenhang zwischen dem (Mutter-)Buchstaben »m« und den Wellen des Wassers gibt, bestätigen sowohl das proto-semitische Alphabet, in dem der Buchstabe eine Wellenlinie darstellt und für Wasser steht, als auch das phönizische Alphabet, in dem daraus der Buchstabe »Mem« (= Wasser) wurde.

In der ägyptischen Mythologie ist die Göttin Nut sowohl die Himmelsgöttin und Mutter der Gestirne als auch der Urozean. In der babylonischen Mythologie verkörpert Tiamat das Prinzip des Salzwassers und bildet den Gegenpart zu ihrem Gemahl Apzu, der das Prinzip des Salzwassers darstellt. Ihr Name bedeutet »Sie, die alle gebar«, weil sie zusammen mit Apzu in den Urzeiten vor der Schöpfung die ersten Generationen von Göttern gezeugt hat. Auf Reliefs wurde sie von den Babyloniern als Wasserschlange dargestellt.

In den altindischen *Veden* heißen die Gewässer *mâtritâmâh*, was so viel wie »die Mütterlichsten« bedeutet. Homer zufolge sind sowohl die Götter als auch alle Menschen Kinder der Urmutter Tethys und des Urvaters Okeanos, der die Welt umgürtet. In seiner *Theogonia* (Göttergeburt) schildert Hesiod die Geburt des Meeres aus der Erde:

> Gaia, die Erde, erzeugt zuerst den sternigen Himmel
> Gleich sich selber, damit er sie dann völlig umhülle,
> Unverrückbar für immer als Sitz der ewigen Götter,
> Zeugte auch hohe Gebirge, der Göttinnen holde
> Behausung,
> Nymphen, die da die Schluchten und Klüfte der Berge
> bewohnen.
> Auch das verödete Meer, die brausende Brandung
> gebar sie
> Ohne beglückende Liebe, den Pontos; dann aber später
> Himmelsbefruchtet gebar sie Okeanos' wirbelnde Tiefe ...[31]

Kinder der Urmutter Tethys sind desgleichen alle Ströme und Gewässer der Erde. Die griechische Mythologie weiß um insgesamt dreitausend, zuweilen auch viertausend Kinder:

> Sind es doch dreitausend schlankfüßige Okeaniden,
> die da weit zerstreut,
> die Erde und Tiefen der Ursee überall hin durchwandern,
> der Göttinnen herrliche Kinder, ebenso viel dann sind
> auch des Okeanos Söhne, lauthinbrausende Ströme,
> die hehre Tethys gebar sie.[32]

Neben den positiven weiblichen Archetypen der fruchtbaren, Schutz gewährenden Großen Meermutter beziehungsweise Meergöttin – die nach dem Tiefenpsychologen C. G. Jung (1875 - 1961) zudem in enger Verbindung zur Anima, dem weiblichen Seelenanteil des Mannes, steht –, gibt es von Beginn an aber auch den so genannten nefasten, das heißt negativen Archetypus der verführerisch-betörenden Wasserfrau, die den Mann mit ihrer Schönheit und ihrem Gesang in die Tiefe zieht und in ihr unterirdisches Reich lockt, aus dem er nie wieder auftaucht. Diesen gleichsam dämonischen, verschlingenden, zerstörenden und todbringenden Aspekt des Meeres – Frucht- und Furchtbares liegen wie so oft eng beieinander – finden wir urbildlich in den Vogelfrauen-Sirenen der homerischen *Odyssee* verkörpert: »Hellsingend haben ihn (Odysseus) die Sirenen bezaubert.«, erzählt uns Homer (Odyssee, XII.) Ursprünglich stellten sich die Griechen unter den Sirenen, die auch den Beinamen »Umstrickerinnen« hatten, schöne, den Musen ähnliche Mädchen vor, deren Zahl zwischen zwei und vier schwankt.

Den griechischen Mythos von Odysseus und den Sirenen hat unter anderem der zur Schwäbischen Dichterschule gehörende Gustav Schwab in seinen *Sagen des klassischen Altertums* aus den Jahren 1838 - 1840, mittlerweile selbst ein Klassiker der deutschen Literatur, nacherzählt: »Das erste Abenteuer, das sie zu bestehen hatten, erwartete sie am Strande der Sirenen. Diese sind sangesreiche Nymphen, die jeden bezaubern, der auf ihr Lied horcht. Sie sitzen am grünen Gestade und singen ihre Lieder den Vorüberfahrenden zu. Wer sich aber zu ihnen hinunterlocken lässt, ist ein Kind des Todes. Das Schiff hielt bei dieser Insel still, denn der Fahrwind hörte mit einem Male auf zu wehen, und das Gewässer schimmerte wie ein Spiegel. Die Männer nahmen die Segel von den Stangen, falteten sie zusammen und setzten sich ans Ruder, um das Schiff vorwärtszubringen. Odysseus verklebte ihnen die Ohren mit Wachs, dass sie nichts hörten, sie dagegen banden ihn auf sein Geheiß aufrecht an den Mast, setzten sich wieder an die Ruder und trieben das Fahrzeug getrost vorwärts. Als die Sirenen dasselbe heranschwimmen sahen, standen sie in der Gestalt reizender Mägdlein am Ufer und stimmten mit heller Kehle einen wundersamen Sang von Troja an. Dem Helden schwoll das Herz im Busen vor Begierde, sie zu hören, und er winkte seinen Freunden, ihn loszubinden. Diese aber stürzten nur umso rascher ans Ruder, und zwei von ihnen, Eurylochos und Perimedes, legten ihm, wie er es zuvor befohlen, noch viel stärkere Stricke an. Erst als sie ganz aus dem Bereiche der Stimmen waren, nahmen die Freunde das Wachs aus den Ohren und lösten ihm die Fesseln wieder.«[33]

Wie Barbara Stamer in ihrer Märchensammlung über Nixen und andere Wasserfrauen schreibt, wurden Sirenen seit dem achten

Jahrhundert n. Chr. mit Menschenkopf dargestellt und erhielten erst allmählich auch Arme und Brüste. Es ist davon auszugehen, dass diese ursprünglich wohl Todesdämonen waren, die nach Blut und Liebesgenuss gierten. Darüber hinaus standen sie in einer Beziehung zu Hades und Persephone, den griechischen Göttern der Unterwelt. Sirenen wurden auch auf antiken griechischen Gräbern dargestellt, sie sollten den Toten mit elegischem Gesang und Musik den Weg in den Hades erleichtern.[34]

Dieses antike Sirenenmotiv sollte in vielen europäischen Nixen- und Wasserfrauenmärchen beziehungsweise -sagen fortleben. Als Meerjungfrau, Seefräulein, Melusine oder Undine taucht dieses geheimnisvolle Mischwesen aus den Tiefen des Wassers auf und versucht den Mann in ihr Reich zu locken. So mustergültig in dem englischen Märchen *Die Meeresnixe und die Aale*, das alle wesentlichen Kernmotive der homerischen Sage von Odysseus und den Sirenen aufgreift und leicht variiert: »Es war einmal eine Meeresnixe, die hatte ein betörend schönes Antlitz, und an warmen Herbstabenden sang sie so schön, sang sie so verlockend, dass jeder, der sie hörte, ihr ins Meer hinausfolgen musste.

Und so würden noch viele hinauswaten, um sie erreichen zu können – immer weiter und weiter würden sie waten, bis der Treibsand sie erfasste und die Meeresaale sie in den Abgrund rissen und verschlängen.

Immer bei Ebbe, wenn die Aale bellten, sah man die Nixe in den niederen Wellen auftauchen. Ja, wenn jemand endlich das böse Treiben der Nixe beenden könnte!

Da lebte einst eine kluge und weise Frau, die hatte einen tauben Sohn. Er war ein Sonntagskind, und so hatte er die Kraft, die Meeresnixe zu bannen. Er konnte ihren Gesang nicht hören, und da ihr Haar grün war, fand er sie nicht begehrenswert.

Als die Ebbe wieder kam, nahm er seinen Strandschlitten, erhob seinen Aalspeer und fuhr hinaus auf den flachen Strand. Und die Nixe sang wieder, sie sang verlockend und schön, jedoch er konnte sie nicht hören. Er aber erbeutete einen guten Fang von Aalen, denn der Schlitten trug ihn sicher durch den Treibsand, und er konnte nicht versinken. Als er zwölf Aale mit seinem Speer erlegt hatte, schrie die Nixe wild auf und verschwand in den Wellen und kam nie wieder zurück.

Ganz Stolford und Steart aß in dieser Woche nur Aalpastete!«[35]

Im Zuge des Christentums wurden die Sirene, die Nixe und die schöne Meerjungfrau jedoch zum Symbol der Verführung zur Sünde und Verfallenheit an den Tod umgedeutet und an die Außenwände oder die Portale und Kapitelle der Kirchen verbannt. Dagegen spielte das Nixenmotiv in der Literatur, spätestens seit Johann Wolfgang von Goethes kurzer Ballade *Der Fischer* aus dem Jahre 1779 – »... Sie sprach zu ihm, sie sang zu ihm;/ da war's um ihn geschehn:/ Halb zog sie ihn, halb sank er hin,/ und ward nicht mehr gesehn.«[36] – und der Epoche der Romantik, eine zentrale Rolle: Von Ludwig Tiecks *Sehr wunderbare(n) Historie von der Melusine* (1800) und Friedrich de la Motte-Fouqués *Undine* (1811) über Heinrich Heines *Lorelei* (1824) und Hans Christian Andersens Kunstmärchen *Die kleine Seejungfrau* bis hin zu dem Grimmschen Märchen *Die Nixe im Teich* (1843) und zu Eduard Mörikes Märchen *Die Historie von der schönen Lau* (1853).

Der Romantiker Joseph von Eichendorff schreibt 1808 ein Gedicht mit dem Titel *Der Schiffer*:

> Viel hab ich von Sirenen sagen hören,
> Stimmen, die aus dem Abgrund lockend schallen
> Und Schiff und Schiffer ziehn zum kühlen Tode.
>
> Ich muss dem Zauber ewge Treue schwören,
> Und Ruder, Segel lass ich gerne fallen,
> Denn schönres Leben blüht aus solchem Tode.[37]

Auf die Frage, warum wir es im 19. Jahrhundert mit einem geradezu sirenensüchtigen Jahrhundert zu tun haben, warum unzählige Bilder mit Sirenen gemalt und viele Romane über sie geschrieben wurden, gibt es sicherlich viele Antworten. Für Tania Schlie, die 2010 ein Buch über *Frauen am Meer* verfasst hat, sind die Gründe offenkundig: »Mit der Sirene schufen die Maler und Dichter ein Wesen, das sie sexuell anregte und Erfüllung versprach, gleichzeitig aber Kontrollverlust, Verderben und Tod brachte. Genau das tat die reale Frau um die vorletzte Jahrhundertwende: Sie begann ihre passive Rolle als Mutter und Dienerin des Mannes zunehmend in Frage zu stellen, sie beanspruchte ihren Platz in der Gesellschaft und im Beruf, auch vorsichtige sexuelle Gleichberechtigung. Natürlich machte das den Männern Angst, und mit der Figur der Sirene versuchten sie dieser Angst einen Namen zu geben.«[38] Selbstredend kommt es auch in diesem Fall auf die jeweilige Perspektive an, sahen Frauen zu dieser Zeit in der Sirene etwas ganz anderes, als es die Männer taten: eine betörend schöne junge Frau, der die Männer zu Füßen liegen und die deshalb die Gewissheit hat, dass ein Mann für sie – und sei es nur für eine einzige Nacht – sein Leben geben würde. Mit einem Wort, eine willkommene Identifikationsfigur des neu erwachten weiblichen Selbstbewusstseins.

II. ERSTES PRINZIP ALLES SEIENDEN

Das Meer der Philosophen

Es gibt noch eine andere Welt zu entdecken –
und mehr als eine!
Auf die Schiffe, ihr Philosophen!
Friedrich Nietzsche

»Das *Wasser* ist die *arche* alles Seienden.« Schenkt man Aristoteles und den Zeugnissen und Berichten späterer Denker Glauben, so war es Thales von Milet, der erste griechische (Natur-)Philosoph und Wissenschaftler überhaupt, der um 600 v. Chr. an der Westküste Kleinasiens, in der heutigen Türkei, mit diesem Satz nicht nur die abendländische Philosophie beginnen lässt, sondern zugleich die Frage nach dem Ursprung, nach dem ersten Prinzip alles Seienden zu beantworten versucht: Am Anfang war das Wasser! Und nicht etwa, wie seine ionischen, etwas jüngeren Kollegen meinten, ein anderes Element: für Anaximes war es bekanntlich die Luft, für Anaximander das Apeiron, das heißt das Unbegrenzte, und für Heraklit das Feuer. Obgleich Letzterer, der wegen des Tiefsinnes seiner Lehren auch »der Dunkle« genannt wurde, vor allem mit dem berühmten, gerade vom Fluiden inspirierten Diktum »Alles fließt, nichts besteht« in die Philosophiegeschichte eingehen sollte.

Dass es ausgerechnet eine Hellene war, der im Wasser den Ursprung alles Seienden erkannte, liegt im Übrigen alles andere als nahe, auch wenn Griechenland mit seinen rund 6.000 Inseln das Meer sozusagen immer vor der Haustür hat. Denn mit dem Meer verbanden die Hellenen im Allgemeinen eher Unbehagen und Befremden. So ist das Meer in den homerischen Erzählungen ein Sinnbild für Grausames und Furchteinflößendes: »Wer wohl ruhte gern beim Ungeheuer des Meeres?«, fragt beispielsweise Homer in seiner *Odyssee*. Anfangs hatten die Hellenen noch nicht einmal ein eigenes Wort für »Meer« und übernahmen daher von der Urbevölkerung die Bezeichnung *thalatta*[39]. Aus dieser wurde schließlich *thalassa*, womit die griechische Mythologie zugleich die Meeresgöttin bezeichnet, der vor allem das innere Mittelmeer entspricht – im Gegensatz zu *Pontos*, der hohen See«, und *Okeanos*, dem äußeren Ozean. Und selbst heute findet die griechische Thalassophobie, also die irrationale, panische Angst vor dem Meer, in einer Volksweisheit beredten Ausdruck: »Wer dem Meer vertraut, kennt es nicht!«

Mit seiner Grundaussage dürfte Thales, den die Griechen als ältesten der sieben Weisen ansahen, jedoch keineswegs nur den empirischen Stoff »Wasser« gemeint haben. Für ihn, der seine Kenntnisse auch den Völkern des Morgenlandes, wie etwa den Chaldäern, Phöniziern und Ägyptern, zu verdanken scheint, wurde das Wasser vielmehr zu einem ersten Philosophem, dem Ergebnis philosophischer Nachforschung: Der einzige »Grundstoff«, aus dem heraus sich alles bildet und in den hinein alles auch wieder eingeht ...

Ist es doch gerade das Wasser, das wie kein anderes Element unserer Welt den steten Wandel, die fließenden Übergänge auf derart sinnfällige Art und Weise veranschaulicht, und zwar ausnahmslos durch alle Aggregatzustände hindurch: vom Festen des Eises über das Flüssige bis hin zum (wohlgemerkt »grenzenlosen«) Luftigen des Dampfes. Zudem erscheint das Wasser als ein unbestimmt Allgemeines, als das Ungeschiedene schlechthin, da sich das Allermeiste darin aufzulösen pflegt und somit seine Besonderheit, seine Individualität verliert. Kurzum, das Wasser drängt sich als Sinnbild und in der Funktion einer Metapher dem antiken Philosophen nachgerade auf. So lesen wir bei dem Kirchenlehrer Hippolytos (170 - 235 n. Chr.), der über die Lehre des Thales berichtet: »Ursprung und Endziel des Alls sei das Wasser. Denn erstens kämen alle Dinge aus Wasser zustande, indem es sich verfestige, und würden auch wieder zu Wasser, indem sie sich verflüssigen.«[40]

Doch auch im ganz konkreten Wortsinne stellte das Wasser für den Philosophen den Grund alles Seienden dar. Thales von Milet ging nämlich davon aus, dass das Feste auf dem Flüssigen schwimme und die Kontinente wie Schiffe auf dem Wasser ruhen. Eine geniale Erkenntnis des Vorsokratikers, die den modernen geologischen Forschungsergebnissen sehr nahe kommt. Denn in der Tat »schwimmen« die Kontinente gleich riesigen tektonischen Platten auf »Flüssigem« – wenn nicht auf Wasser, so doch auf dem glühend heißen Magma unseres Erdkerns. Weshalb sich die Kontinente bis heute auch in ständiger Bewegung befinden und es daher zuweilen zu gewaltigen Erderschütterungen mit katastrophalen Folgen kommen kann.

An die auf Thales von Milet zurückgehende Vorstellung des Wassers als dem Ursprung aller Dinge sollte man noch im Zeitalter der Renaissance anknüpfen: Nach Agrippa von Nettesheims 1533 veröffentlichter *okkulter Philosophie* »liegt (im Wasser) die Samenkraft aller Dinge. (...). Sein Nutzen und Gebrauch ist unendlich mannigfaltig und alle Dinge hängen von seiner Macht ab, indem es die Kraft der Zeugung, der Ernährung und des Wachstums besitzt.«[41], schreibt der deutsche Universalgelehrte. Und auch für den Arzt und Philosophen Paracelsus (um 1493 - 1541) ist das Wasser unzweifelhaft das Urelement oder auch die »matrix, dan in dem wasser ward beschaffen himel und erden und in keiner anderen matrix nicht«[42]. Matrix heißt auf Latein nichts anderes als »Gebärmutter«. In seinem *Opus Paramirum* (IX, 191) schreibt Paracelsus, dass die Welt aus der Matrix, dem Mutterschoß der Elemente geboren sei.

Doch warum wurde ausgerechnet das Wasser zum Ur-Stoff par excellence auserkoren? »Das Wasser ist, gerade am Beginn der Philosophie«, resümiert die türkische Philosophin und Orientalistin Oya Erdoğan in ihrem Buch *Wasser – Über die Anfänge der Philosophie* aus dem Jahre 2003, »als Gegenstand des Denkens deshalb bestens geeignet, weil es am bildkräftigsten ist, und seine sinnlich gegebene Erscheinungsvielfalt ein unerschöpfliches Bildmaterial für eine Metaphorik bietet, die dazu befähigt, dem Denken neue Wege und Möglichkeiten zu eröffnen. So ist der sinnbildliche Ausdruck *Wasser* ein erstes Philosophem, das begreifen ließ, dass *alles*, also auch die scheinbar unbewegten Dinge, im Werden, im Fluss sind.«[43] Interessanterweise beginnt das philosophierende Nachdenken des Abendlandes gerade zu jener Zeit, da die Meere ihre Unüberwindbarkeit verlieren, zwischen vermeintlich getrennten Reichen und Welten Verbindungen hergestellt werden.

Auch wenn Wasser-, speziell Meermetaphern im Laufe der kommenden Jahrhunderte kaum mehr eine nennenswerte Rolle spielen sollten – offenbar ging es den abendländischen Denkern eher um das Feste, Begrenzte, Definierbare, Haltgebende –, stoßen wir in der Philosophiegeschichte sporadisch auf nautische Bildsymbole. So bei dem deutschen Philosophen, Theologen und Dichter Johann Gottfried Herder (1744 - 1803), der im *Journal meiner Reise im Jahre 1769* – gemeint ist seine Seereise nach Nantes, die nach eigenen Angaben seine Wendung von der Aufklärung zum Sturm und Drang bewirkte – die Erfahrung der Freiheit des Denkens auf dem Meer mit pathetischen Worten festhält: »Was gibt ein Schiff, das zwischen Himmel und Meer schwebt, nicht für weite Sphären zu denken. Alles gibt hier dem Gedanken Flügel und Bewegung und weiten Luftkreis! Das flatternde Segel, das immer wankende Schiff, der rauschende Wellenstrom, die fliegende Wolke, der weite unendliche Erdkreis. Auf der Erde ist man an einen toten Punkt angeheftet und in den engen Kreis einer Situation eingeschlossen ...«[44] Doch mit diesem Loblied auf die Gedanken befreiende Kraft des Meeres steht Herder unter seinen Zeitgenossen alleine da. Noch hegen Philosophen hartnäckige Vorbehalte gegen das Meer.

Kein Geringerer als Immanuel Kant (1724 - 1804) vergleicht sodann in seiner *Kritik der reinen Vernunft* – das weite Wasser des Ozeans mit der Vernunft. Der Philosoph, der in seiner unweit der Ostseeküste gelegenen Heimatstadt Königsberg sein ganzes Leben verbrachte und diese so gut wie nie verließ, fordert dabei jedoch, »alle unsere spekulativen Ansprüche bloß auf das Feld möglicher

Erfahrung« einzuschränken, »um die Fahrt unserer Vernunft nur
so weit, als die stetig fortlaufenden Küsten der Erfahrung reichen,
fortzusetzen, die wir nicht verlassen können, ohne uns auf einen
uferlosen Ozean zu wagen, der uns unter immer trügerischen Aus-
sichten am Ende nötigt, alle beschwerliche und langwierige Be-
mühung, als hoffnungslos aufzugeben.«[45] Denn ein Denken ohne
Grenzen laufe Gefahr, ein ganz und gar haltloses zu werden.

Während der Aufklärer Kant mithin auf die Gefahr einer gleichsam uferlosen, ozeanischen Vernunft verweist, ist es der Idealist
Georg Wilhelm Friedrich Hegel (1770 - 1831), der umgekehrt
vor der Gefahr warnt, die vom Festen, Dinglichen, Erstarrten
ausgeht, nämlich vor einem Austrocknen und Unfruchtbarwer-
den des Geistes. In der Vorrede zu seiner *Phänomenologie des
Geistes* schreibt er: »Es ist aber weit schwerer, die festen Gedanken in Flüssigkeit zu bringen.«[46] Erstarrte Denkmuster und
verkrustete Vorstellungen könnten nur durch die Verflüssigung
in Gang gebracht werden. Trotzdem sollte man sich in diesem
Punkt nicht täuschen lassen. Denn so wie Hegel in der totalen
Verdinglichung nur den Tod sieht, dürfte er in einer totalen Verflüssigung nur die Rückkehr zum Chaos bemerken.[47]

Letzten Endes ist bei Hegel aber eine grundsätzliche Begeisterung hinsichtlich des Meeres – das für Offenheit, für weit ver-
zweigte Möglichkeiten und die Aufforderung steht, selbst die
Richtung zu wählen – nicht zu verkennen: »Das Meer gibt uns
die Vorstellung des Unbestimmten, Unbeschränkten und Unendlichen, und indem der Mensch sich in diesem Unendlichen fühlt,
so ermutigt ihn dies zum Hinaus über das Beschränkte. Das Meer
lädt den Menschen zur Eroberung, zum Raub, aber ebenso zum
Gewinn und zum Erwerbe ein.«[48] Selbst wenn die Beherrschung
des Meeres dem Menschen Mut, Tapferkeit und Klugheit ab-
verlangt: »Diese unendliche Fläche ist absolut weich, denn sie
widersteht keinem Drucke, selbst dem Hauche nicht; sie sieht
unendlich unschuldig, nachgebend, freundlich und anschmie-

gend aus, und gerade diese Nachgiebigkeit ist es, die das Meer in das gefahrvollste und gewaltigste Element verkehrt. Solcher Täuschung und Gewalt setzt der Mensch lediglich ein einfaches Stück Holz entgegen, verlässt sich bloß auf seinen Mut und seine Geistesgegenwart und geht so vom Festen auf ein Haltungsloses über, seinen gemachten Boden selbst mit sich führend.«[49]

Spätestens mit Friedrich Nietzsche (1844 - 1900) gerät dann das auf feste Begriffe fixierte europäische Denken endgültig in Bewegung. Und dies – was läge auch näher – mithilfe einer wahren Flut maritimer Bildmetaphern. In den *Liedern des Prinzen Vogelfrei* aus der *Fröhlichen Wissenschaft* lesen wir unter Anspielung auf Columbus, den Entdecker der neuen Welt, und der berühmten Formel Blaise Pascals (1623 - 1662)»vous êtes embarqués« (Sie sind eingeschifft) aus seinen *Pensées*, die Verse:

Nach neuen Meeren

Dorthin – will ich; und ich traue
Mir fortan und meinem Griff.
Offen liegt das Meer, in's Blaue
Treibt mein Genueser Schiff.

Alles glänzt mir neu und neuer,
Mittag schläft auf Raum und Zeit –:
Nur dein Auge – ungeheuer
Blickt mich's an, Unendlichkeit![50]

Aber vor allem in Nietzsches philosophischer Dichtung *Also sprach Zarathustra*, der auf der Suche nach der Erfahrung des höchsten Glücks und des höchsten Menschen ist, dient das Meer, speziell die Ausfahrt aus dem Hafen ins Offene (auch auf jede Gefahr hin), als Metapher für ein dynamisches Denken – ein gleichsam fluides Philosophieren, das alles Fixe, Schematische zu überwinden trachtet und nach einer *terra incognita*, nach einem gänzlich Neuen, ewig Werdenden, Unbegrenzten Ausschau hält: »Wenn jene suchende Lust in mir ist, die nach Unentdecktem die Segel treibt, wenn eine Seefahrer-Lust in meiner Lust ist: / Wenn je mein Frohlocken rief: ›die Küste schwand, – nun fiel mir die letzte Kette ab – / – das Grenzenlose braust um mich, weit hinaus glänzt mir Raum und Zeit, wohlan! wohlan! altes Herz! – / O wie sollte ich nicht nach der Ewigkeit brünstig sein und nach dem hochzeitlichen Ring der Ringe, – dem Ring der Wiederkunft?«[51]

Oder, um eine andere Stelle aus Nietzsches *Zarathustra* zu zitieren: »Das Meer stürmt: Alles ist im Meere. Wohlan! Wohlauf! Ihr alten Seemanns-herzen! / Was Vaterland! *Dorthin* will unser Steuer, wo unser *Kinder-Land* ist! Dorthinaus, stürmischer als das Meer, stürmt unsre große Sehnsucht! – «[52] Schließlich, nicht minder pathetisch und heroisch: »Dem Segel gleich, zitternd vor dem Ungestüm des Geistes, geht meine Weisheit über das Meer – meine wilde Weisheit!«[53]

Warum sich die menschliche Seele bevorzugt im Meer wiedererkennt und was Letzteres seinem Wesen nach vom Gebirge unterscheidet, sagt uns sodann ein wie Nietzsche in der Tradition der Lebensphilosophie stehender Denker, der auch wichtige Beiträge zur Kulturphilosophie geleistet hat und als Begründer der so genannten formalen Soziologie und Konfliktsoziologie gilt: Die Rede ist von Georg Simmel (1858 - 1918) und dessen Buch *Philosophische Kultur. Gesammelte Essays* aus dem Jahre 1911: »Allenthalben wird das Meer als das Symbol des Lebens empfunden: seine ewig fortwandelnde Bewegung, die Unergründlichkeit seiner Tiefen, der Wechsel zwischen Glätte und Aufgewühltsein, sein Sichverlieren am Horizont und das ziellose Spiel seines Rhythmus – alles dies gestattet der Seele, ihr eigenes Lebensgefühl in das Meer zu transportieren. (...) Indem dies aber nur durch eine gewisse symbolische Formgleichheit vermittelt ist und das Meer die Gestalt des Lebens in einem stilisierten, überindividuellen Schematismus wiedergibt, gewährt ein Anblick jene Befreiung, die der Wirklichkeit allenthalben aus der Bildform gerade ihres reinsten und tiefsten, sozusagen wirklichsten Sinnes kommt. (...) Das Meer erlöst uns von der unmittelbaren Gegebenheit und bloß relativen Quantität des Lebens durch die überwältigende Dynamik, die das Leben mittels seiner eigenen Formen über sich hinausführt. (...) Das Meer ist aufs innigste in die Schicksale und Entwicklungen unserer Art hineingewachsen; es hat sich unzählige Male nicht als die Trennung, sondern als die Verbindung der Länder erwiesen. Gebirge aber haben im Maße ihrer Höhe innerhalb der Menschengeschichte wesentlich nur negativ gewirkt, haben Leben gegen Leben isoliert und seine wechselseitige Bewegung ebenso gehindert, wie das Meer sie vermittelt hat.«[54] Simmels Gedanke, dass das Meer die Länder zu verbinden vermag, während das Gebirge sie trennt, taucht – soweit wir sehen – jedoch bereits bei Hegel auf, der in seiner *Philosophie der Geschichte* (1830/31) gerade das antike Mittelmeer zum kulturellen Mittelpunkt schlechthin erklärt!

Wie einstmals Thales von Milet sieht auch ein anderer Lebensphilosoph, nämlich Ludwig Klages (1872 - 1956), aus dem »Feuchten tatsächlich alles Eigenleben dieses Planeten« hervorgehen. Er zitiert dafür Johann Wolfgang von Goethe, der seinem Thales folgende Worte in den Mund gelegt hat:

Im Feuchten ist Lebendiges entstanden.
Alles ist aus dem Wasser entsprungen!
Alles wird durch das Wasser erhalten!
Ozean, gönn' uns dein ewiges Walten!
Wenn du nicht Wolken sendetest,
Nicht reiche Bäche spendetest,
Hin und her nicht Flüsse wendetest,
Die Ströme nicht vollendetest,
Was wären Gebirge, was Ebnen und Welt?
Du bists, der das frischeste Leben erhält.[55]

In Klages zwischen 1929 und 1932 entstandenem philosophischen Hauptwerk *Der Geist als Widersacher der Seele* stoßen wir auf einen regelrechten Hymnus des wässrigen Prinzips: »Feucht ist der animalische Same, im Feuchten finden sich die Keimzellen, aus der Mutterfeuchte löst sich der Embryo zum Licht; nur was sich in Lösung befindet oder von lösenden Stoffen des Leibes in Lösung gebracht werden kann, hat die Fähigkeit zu ernähren erlangt; alles lebende Plasma ist von sog. kolloidaler Beschaffenheit, zu deutsch etwa ein bis ins Innerste wasserdurchtränktes Stoffgemenge; die Quellbarkeit der Pflanzenzelle, genauer die Durchlässigkeit der Membran und der Plasmahaut für Wasser, bildet die Grundbedingung des Säftekreislaufs, ohne den keine Pflanze leben könnte. Den Aggregatzustand des lebenden Stoffes dürfte man unbedenklich einen flüssigkeitsartigen nennen: besteht doch sogar das lebende Holz noch zur Hälfte aus Wasser, der menschliche Körper zu zwei Dritteln, saftiges Kraut zu drei Vierteln, Austern zu 80 %, Früchte bis zu 95 %, Algen bis zu 98 %, gewisse Meertiere bis zu 99 %! Welche Stoffe des lebenden Leibes am fließendsten, veränderlichsten, *vergänglichsten* sind, eben das sind die lebendsten; und welche am festesten, härtesten, unvergänglichsten sind, eben das sind die totesten! Was vergeht von der Pflanze, wann sie gestorben? Stengel, Blätter, Blüten und Früchte, also die wasserähnlichsten und lebendsten Teile. Was bleibt für Jahrhunderte? Das schon bei Lebzeiten verhärtete und großenteils unlebende Holz. Was für Jahrhunderttausende? Kohle! Was vergeht und was bleibt vom Leichnam des Menschen? Am schnellsten zerfällt, was sein Lebendstes und ein ganz und gar Flüssiges war: das Blut; ihm folgen bald die Gewebe; es dauert das schon im Leben weitgehend der Wandlung entzogene Skelett.«[56]

Eine phänomenologische Erkenntnis des Lebensphilosophen Klages, zu der jedoch bereits die alte chinesische Philosophie des Taoismus gelangt ist. Denn auch in Laotses *Tao Te King* wird das Wässrig-Weiche stets mit dem Lebendigen in Verbindung gebracht, während alles Trocken-Starre dem Tod geweiht ist.

Auch der nicht unumstrittene deutsche Staatsrechtler und politische Philosoph Carl Schmitt (1888 - 1985) sah im Wasser des Meeres nicht weniger als den geheimnisvollen Urgrund allen Lebens. In seinem brillanten Großessay *Land und Meer* aus dem Jahre 1942, einer »weltgeschichtlichen Betrachtung« dieser beiden natur- wie kulturphilosophisch höchst relevanten Phänomene, lesen wir darüber. Schmitt beruft sich dabei vor allem auf Lorenz Oken (1779 - 1851), den einst berühmten, heute fast vergessenen romantisch-pantheistischen Naturforscher, für den alles Sichtbare ein materialisierter Gedanke Gottes ist: »Der Gedanke, dass das menschliche Dasein durch ein anderes der vier Elemente ebenso stark geprägt sein könnte wie durch die Erde, erscheint auf den ersten Blick als eine nur phantastische Möglichkeit. Der Mensch ist kein Fisch und kein Vogel, und erst recht kein Feuerwesen, falls es solche geben sollte. ... (Doch) die Frage, ob auch noch ein anderes als ein rein erdhaft bestimmtes Menschendasein möglich ist, liegt näher als wir denken. Du brauchst nur an eine Meeresküste zu gehen und den Blick zu erheben, und schon umfasst die überwältigende Fläche des Meeres deinen Horizont. ... In tiefen, oft unbewussten Erinnerungen der Menschen sind Wasser und Meer der geheimnisvolle Urgrund allen Lebens. Die meisten Völker erinnern sich in ihren Mythen und Sagen nicht nur an erdgeborene, sondern auch an meerentsprungene Götter und Menschen. Alle erzählen von Söhnen und Töchtern des Meeres und der See. Aphrodite, die Göttin weiblicher Schönheit, ist aus dem Schaum der Meereswogen emporgestiegen. ... Plötzlich siehst du hier eine andere Welt als die der Erde und des festen Landes. Jetzt kannst du verstehen, dass Dichter, Naturphilosophen und Naturwissenschaftler den Anfang allen Lebens im Wasser suchen. (...) Meistens nennt man den griechischen Naturphilosophen Thales von Milet (um 500 v. Chr.) als den Urheber der Lehre, die den Ursprung alles Seins im Wasser findet. Aber diese Auffassung ist älter und zugleich jünger als Thales. Sie ist ewig. Im letzten, 19. Jahrhundert war es besonders ein deutscher Gelehrter großen Stils, Lorenz Oken, der den Menschen wie alles Leben aus dem Meere erklärte. Auch in den Stammbäumen, die von darwinistischen Naturforschern konstruiert sind, finden sich Fische und Landtiere in verschiedener Reihenfolge neben- und nacheinander. Lebewesen des Meeres figurieren hier als Ahnen des Menschen. Die Ur- und Frühgeschichte der Menschheit scheint diesen ozeanischen Ursprung zu bestätigen. Bedeutende Forscher haben entdeckt, dass es neben ›autochthonen‹, d. h. landgeborenen, auch ›autothalassische‹, d. h. rein vom Meere bestimmte Völker gegeben hat, die niemals Landtreter gewesen sind und die nichts vom festen Lande wissen wollten, als dass es die Grenze ihrer reinen Meeresexistenz war. Auf den Inseln der Südsee, bei polynesischen Seefahrern, Kanaken und Sawoiori, erkennt man noch die letzten Reste solcher Fischmenschen. Ihr ganzes Dasein, ihre Vorstellungswelt und Sprache war meerbezogen. ... Es ist also durchaus eine Frage: Was ist unser Element? Sind wir Kinder des Landes oder der See? Das lässt sich nicht mit einem einfachen Entweder-Oder beantworten. Uralte Mythen, neuzeitliche naturwissenschaftliche Hypothesen und die Ergebnisse frühgeschichtlicher Forschung lassen beides offen.«[57] Von Schmitt stammt auch die – nur auf den ersten Blick hin merkwürdige – Beobachtung, dass Menschen, wenn sie an Küsten stehen, stets aufs Meer hinaus und niemals vom Meer ins Land hineinschauen!

Der »Innerlichkeit des Wassers« und vor allem dem Faszinosum des Tauchens im Meer hat sich desgleichen der französische Philosoph und Wissenschaftstheoretiker Gaston Bachelard (1884 - 1962) genähert, indem er sich auch mit der Dichtung beschäftigte. Denn seinem Credo nach übernimmt gerade die Philosophie eine Art Vermittlerrolle zwischen diesen beiden Zugangsarten zur Wirklichkeit: »Alles, was die Philosophie erhoffen kann, ist, Poesie und Wissenschaft zu zwei komplementären Bereichen zu machen, sie wie zwei gut aufeinander abgestimmte Gegensätze zu verbinden.«[58], so Bachelard in seiner *Psychoanalyse des Feuers* aus dem Jahre 1938. In seiner *Poetik des Raumes* von 1957, im Kapitel über *Die innere Unermesslichkeit,* widmet er sich dem ekstatischen Taucherlebnis, indem er sich vor allem auf die Erfahrungen des französischen Schriftstellers und Unterseeforschers Philippe Diolé (1908 - 1977) beruft, der – unter anderem auch als Koautor von Jacques-Yves Cousteau – mehrere Bücher darüber verfasst hat:»Lange und genussvoll hat er (Diolé in: Le plus beau désert du monde!) die Erfahrungen des Tauchens in tiefes Wasser durchgekostet. Der Ozean ist für ihn ein ›Raum‹ geworden, vierzig Meter unter der Wasseroberfläche hat er die ›absolute Tiefe‹ gefunden, eine Tiefe, die sich nicht messen lässt, eine Tiefe, die keine anderen Träume oder Gedanken enthielte, wenn man sie verdoppelte oder verdreifachte. Durch seine Taucher-Erlebnisse ist Diolé wirklich *in das Volumen des Wassers hineingegangen.* Und wenn man mit Diolé in seinen früheren Büchern diese Eroberung der Innerlichkeit des Wassers erlebt, dann lernt man in dieser Raum-Substanz einen eindimensionalen Raum kennen. Nur eine Substanz, nur eine Dimension. Und man ist der Erde so fern, dass diese Dimension des Wassers als Unbegrenztheit bezeichnet werden muss. Oben, unten, rechts und links in einer so vollauf durch ihre Substanz vereinheitlichten Welt bestimmen zu wollen, hieße denken, nicht aber leben – hieße denken wie früher im irdischen Leben, nicht leben in der neuen, im Tauchen eroberten Welt.

Ehe ich die Bücher von Diolé las, hätte ich nicht geglaubt, dass das Grenzenlose so nahe in unserer Reichweite liegt. Es genügt schon, an die reine Tiefe zu denken, an die Tiefe, die, um zu sein, keines Maßes bedarf. (...) Und am Schluss seines Buches kommt Diolé zu der Folgerung: ›Ins Wasser hinabzutauchen oder durch die Wüste wandern, heißt den Raum wechseln‹, und indem man den Raum wechselt, indem man den Raum der gewohnten

Empfindungen verlässt, tritt man in Verbindung mit einem see-lisch erneuernden Raum. ›In der Wüste ebenso wenig wie in der Meerestiefe vermag man sich eine kleine, plombierte, unteilbare Seele zu bewahren.‹ Dieser *konkrete* Wechsel des Raumes kann keine bloße Operation des Geistes mehr sein, wie sie etwa das Bewusstsein der Relativität in der Geometrie wäre. Man wech-selt nicht nur die Stelle, man wechselt die Natur. (...) ›Ich habe früher geschrieben‹, sagt Diolé, ›dass jemand, der die Tiefsee kennengelernt hat, nicht wieder ein Mensch wie andre werden könne. In solchen Augenblicken wie jetzt (mitten in der Wüs-te) habe ich den Beweis dafür. ... ich lebte in einer erfundenen Überschwemmung. Ich bewegte mich im Zentrum einer flüssi-gen, leuchtenden, tragfähigen, dichten Masse, die das Meerwas-ser, die Erinnerung an das Meerwasser bildet ... Der Raum, der große Raum, ist der Freund des Seins.‹[59] Zumindest in phäno-menologischer Hinsicht lassen sich die Wellen des Meeres mit den Sanddünen der Wüste vergleichen, weshalb man ja auch von »Sandmeeren« spricht. Die Wanderdünen in der Wüste erschei-nen genauso zeitlos wie die Meereswellen, »die das Unveränder-liche ahnen lassen«[60], wie Robert Waldo Emerson in *Seashore* (1857) schrieb. Und nirgendwo ist so viel Himmel, so viel Weite und Grenzenlosigkeit wie in der Wüste – und am Meer!

Wie die frühe Begegnung mit dem Meer den Menschen zur Phi-losophie bringen und wie ihm dieses sogar zur anschaulichen Gegenwart des Unendlichen werden kann, beschreibt eindrück-lich der deutsche Psychiater und christlich geprägte Existenzphi-losoph Karl Jaspers (1883 - 1969) in seinen *Schicksal und Wille* betitelten autobiographischen Schriften aus dem Jahre 1967: »In meiner Kindheit waren wir alle Jahre auf den friesischen Inseln. Ich bin mit dem Meer aufgewachsen. Zuerst sah ich es in Norder-ney. An einem Abend ging mein Vater, mit dem kleinen Jungen an der Hand, den weiten Strand hinunter. Es war tiefe Ebbe, der Weg über den frischen reinen Sand war sehr lang bis an das Wasser. Da lagen die Quallen, die Seesterne, Zeichen des Geheimnisses der Meerestiefe. Ich war wie verzaubert, habe nicht darüber nachgedacht. Die Unendlichkeit habe ich damals unreflektiert erfahren. Seitdem ist mir das Meer wie der selbstverständliche Hintergrund des Lebens überhaupt. Das Meer ist die anschauliche Gegenwart des Unendlichen. Unendlich die Wellen. Immer ist alles in Bewegung, nirgends das Feste und das Ganze in der doch fühlbaren unendlichen Ordnung. Das Meer zu sehen, wurde für mich das Herrlichste, das es in der Natur gibt. Das Wohnen, das Geborgensein ist uns unentbehrlich und wohltuend. Aber es genügt uns nicht. Es gibt dieses andere. Das Meer ist seine leibhaftige Gegenwart. Es befreit im Hinausgehen über die Geborgenheit, bringt dorthin, wo zwar alle Festigkeit aufhört, wir aber nicht ins Bodenlose versinken. Wir vertrauen uns dem unendlichen Geheimnis an, dem Unabsehbaren, Chaos und Ordnung.

Ich weiß nicht, wie viel Zeit meines Lebens ich im Anschauen des Meeres verbracht habe, ohne mich zu langweilen. Keine Welle ist der anderen gleich. Bewegung, Licht und Farben wandeln sich ständig. Herrlich, sich in den reinen Elementen zu bewegen, in Sturm und Regen an der Brandung entlang zu wandern, ohne Landschaft, ohne Menschen.

Im Umgang mit dem Meer liegt von vornherein die Stimmung des Philosophierens. So war es mir unbewusst von Kindheit an. Das Meer ist Gleichnis von Freiheit und Transzendenz. Es ist wie eine leibhaftige Offenbarung aus dem Grund der Dinge. Das Philosophieren wird ergriffen von der Forderung, es aushalten zu können, dass nirgends der feste Boden ist, aber gerade dadurch der Grund der Dinge spricht. Das Meer stellt diese Forderung. Dort ist keinerlei Fesselung. Das ist das unheimlich Einzige des Meeres.«[61] Karls Jaspers Beobachtung, dass das Meer – im Gegensatz zum festen Land – einen ganz anderen Rahmen für das Philosophieren darstellt und uns anders zu denken zwingt, gilt bis heute.

So formuliert die Seerechtlerin und Ökologin Elisabeth Mann Borgese (1918 - 2002), die jüngste Tochter von Katja und Thomas Mann, in ihrem in dreizehn Sprachen übersetzten Sachbuch *Mit den Meeren leben* aus dem Jahre 1975: »Das Medium selbst, in dem alles fließt und alles verknüpft ist, zwingt uns ›unscharf zu stellen‹, unsere alten Begriffe und Lehrmeinungen über Bord zu werfen und auf ein neues Grundprinzip ›scharf zu stellen‹. Grundlegende Begriffe, die sich im Laufe der Jahrtausende an Land entwickelt haben, wie Souveränität, geographische Grenzen oder Eigentum, funktionieren im Medium des Ozeans einfach nicht.«[62]

In die gleiche Richtung zielt auch die 1934 in Greifswald geborene, aber in Freiburg lebende und lehrende Philosophin Ute Guzzoni, die in ihrem inspirierenden Buch *Wasser. Das Meer und die Brunnen, die Flüsse und der Regen* aus dem Jahre 2005 zu dem Schluss kommt: »Es geht dem Philosophieren heute weniger denn je darum, zu einem bestimmten Ziel zu gelangen – zu einem *fundamentum inconcussum*, einem System, einer Kategorientafel, einem Absoluten, einer Letztfundierung worin auch immer. Der Weg gewinnt so seine eigene Bedeutung, er ist nicht mehr der Weg zu oder nach ..., sondern erfüllt sich im Gehen. Das Gehen selbst erhält einen nomadisierenden offenen Charakter. Das Abenteuer, das sich Sich-einlassen auf neue Gedankengänge ...«[63] Der Weg ist das Ziel. Und genau aus diesem Grund plädiert die Philosophin für ein gleichsam »landschaftliches Denken«, das sich am Wässrigen orientiert, vorzugsweise an den sinnlich erfahrbaren Qualitäten Stille und Offenheit, Tiefe, Weite und Ferne, wie sie gerade dem Maritimen zu Eigen sind.

Schließen wir unseren Tauchgang durch das Meer der Philosophen mit einer Erkenntnis des vielleicht größten Skeptikers und Kulturkritikers seines Jahrhunderts, mit dem französisch schreibenden Rumänen E. M. Cioran (1911 - 1995), der 1966 anlässlich eines Aufenthalts auf Ibiza in seinen *Aufzeichnungen* formulierte: »Weit entfernt vom Mittelmeer zu leben ist ein Irrtum.«[64]

III. SEELENABGRÜNDE UND OZEANISCHE GEFÜHLE

Das Meer der Psychologen

Seele des Menschen,
wie gleichst du dem Wasser!
Johann Wolfgang von Goethe

Schenkt man den Etymologen Glauben, sind die Wörter »See«
und »Seele« eng miteinander verwandt. Laut *Duden Herkunfts-*
wörterbuch leitet sich das altgermanische Wort »Seele« von
dem gemeingermanischen Substantiv »See« ab, und zwar mit
der Grundbedeutung »die zum See Gehörende«. Nach alter ger-
manischer Vorstellung hatten die Menschen so etwas wie eine
Wasserseele, die vor der Geburt im Wasser weilte und nach dem
Tode wieder dorthin zurückkehrte. Einem finnischen Sprichwort
nach verdanken die Menschen nicht nur ihre Seele, sondern auch
ihren Geist dem Meer: »Das Meer hat die Seele des Menschen
gemacht, und die Wellen geben ihm Intelligenz.«[65] Ein Bonmot,
das man noch besser versteht, wenn man bedenkt, dass Finnland,
das »Land der tausend Seen«, in Wirklichkeit über rund 50.000
Seen verfügt.

Dass es einen verborgenen Zusammenhang zwischen Wasser
und Psyche gibt, ahnten bereits die griechischen Philosophen. So
veranschaulichte Aristipp von Kyrene (um 435 bis etwa 355 v.
Chr.), ein Schüler und Freund des Sokrates – vielleicht als Erster, bestimmt aber am vollständigsten (Hans Blumenberg) – die
menschlichen Seelenzustände durch den Grad der Meeresbe-
wegung. Pyrrhoneer und Epikureer erhoben beispielsweise die
Meeresstille – durch Ausschluss von Unheilsfaktoren wie Wind
und Sturm – zur Metapher für die Wohlbefindlichkeit des Menschen: »Glücklich ist, wer ungestört dahinlebt und ... sich in Ruhe
und Meeresstille befindet.«, lesen wir bei Sextus Empiricus, dem
Hauptvertreter des antiken Skeptizismus, der im 2. Jahrhundert
n. Chr. auch als Arzt gewirkt hat.

Und auch den Dichtern blieb die Verbindung zwischen Meer und
Seele nicht verborgen. Im Jahre 1826 bekennt Heinrich Heine

in seinen Reisebildern über *Die Nordsee*:»Ich liebe das Meer, wie meine Seele. Oft wird mir sogar zumute, als sei das Meer eigentlich meine Seele selbst; und wie es im Meer verborgene Wasserpflanzen gibt, die nur im Augenblick des Aufblühens an dessen Oberfläche heraufschwimmen, und im Augenblick des Verblühens wieder hinabtauchen: so kommen zuweilen auch wunderbare Blumenbilder heraufgeschwommen aus der Tiefe meiner Seele, und duften und leuchten und verschwinden wieder ... Wenn ich des Nachts, am Meere wandelnd, den Wellengesang höre und allerlei Ahnung und Erinnerung in mir erwacht, so ist mir, als habe ich einst solchermaßen von oben herabgesehen und sei vor schwindelndem Schrecken zur Erde heruntergefallen.«[66] Damit nimmt Heine, der sich selbst einmal als »Hofdichter der Nordsee« titulierte, eine zentrale Metapher der (Tiefen-) Psychologie vorweg: Das Meer als Symbol für das Unbewusste par excellence.

Um die gleiche Zeit bedient sich auch Jean Paul in seinem letzten, Fragment gebliebenen Buch *Selina* oder *Über die Unsterblichkeit der Seele* ausdrücklich maritimer Bilder, um die Seelentiefe, dieses »ungeheure(n) Reich(s) des Unbewussten«, auszuloten: »Genug, uns ist neben der Körperwelt noch die wunderbare Seelenwelt aufgetan, über deren Tiefen freilich unser Wurfblei nur schwimmend hängt und nichts fest greift ...«[67] Als der Dichter am 17. November 1825 in Bayreuth feierlich zu Grabe getragen wurde, lag auf dem Sarg das »Selina«-Manuskript.

Und rund ein Vierteljahrhundert später schreibt Charles Baudelaire (1821 - 1867) ein Gedicht mit dem Titel *Der Mensch und das Meer*, das Eingang in seinen Zyklus *Die Blumen des Bösen* fand. Wir beschränken uns auf die erste Strophe, der zufolge der Mensch im Meer nicht nur seine eigenen Reichtümer, sondern auch seine eigenen Abgründe erkennt:

Du freier Mensch, du liebst das Meer voll Kraft,
Dein Spiegel ist's. In seiner Wellen Mauer,
Die hoch sich türmt, wogt deiner Seele Schauer,
In dir und ihm der gleiche Abgrund klafft.[68]

Kunstvoll spielt Baudelaire dabei mit phonetischen Ähnlichkeiten: *L'âme* und *lame*, das heißt »Seele« und »Woge« des zweiten Verses sind lautlich identisch. Auch »die Seele« und »das Meer«, die im Gedicht miteinander in Beziehung gesetzt werden, unterscheiden sich im Französischen lautlich nur durch den Zusatz »r«: *l'âme / la mer.*

Im 20. Jahrhundert stellte der englische Schriftsteller William Somerset Maugham (1874 - 1965), dessen Reiselust ihn bis in die Südsee führte und der seine letzten Jahrzehnte vorwiegend an der französischen Riviera verbrachte, fest: »Der Stille Ozean ist unbeständig und wandelbar wie die Seele des Menschen. Manchmal liegt er grau da mit mächtiger Dünung, manchmal ist er wild gebauscht und trägt weiße Wellenkämme.«[69]

Auch in der Psychologie gab es bereits lange vor Sigmund Freud Entdecker des Unbewussten, worauf uns Ludger Lütkehaus in seiner verdienstvollen Anthologie *Tiefenpsychologie. Texte zur Entdeckung des Unbewussten vor Freud* (1989) aufmerksam gemacht hat. Zu ihnen gehört der deutsche Philosoph und Psychologe Theodor Lipps (1851 - 1914), der als Hauptvertreter des so genannten Psychologismus gilt: »Das psychische Leben eines Moments«, schreibt dieser in seiner Abhandlung über den *Begriff des Unbewussten in der Psychologie*, »ist wie ein im Meer versunkenes weites Gebirge, von dem nur wenige höchste Gipfel über die Wasseroberfläche emporragen.«[70] Eine Bildmetapher, wie sie uns auch in der deutschen Redensart von der »Spitze des Eisberges« und dem verborgenen großen Rest begegnet.

Interessanterweise begann man den Grund des Meeres just zu jener Zeit zu erforschen, als die Psychoanalyse sich aufmachte, die Seelen(ab)gründe des Menschen zu entdecken: »Man fand, dass das Sonnenlicht nur 250 bis 300 Meter unter die Oberfläche dringt, und Freud erkannte, dass nur die Oberfläche der Seele bewusst und das Bewusstsein weit davon entfernt ist, deren Gesamtheit zu durchdringen. Man hielt die Tiefen des Ozeans für unbewohnt und wusste noch nichts vom Leben des Unbewussten«[71], notiert Georges-Arthur Goldschmidt in seinem Buch *Als Freud das Meer sah*, dessen französischer Originaltitel *Quand Freud voit la mer* dank des Homöonyms *mère* zugleich die Mutter und damit die maternale Dimension des Meeres heraufbeschwört, auf die wir noch zurückkommen werden.

Freuds Sprache sei – so Goldschmidt – voller maritimer Ausdrücke: Dieser spricht vom »Einblick in die Tiefen des Seelenlebens«, vergleicht immer wieder »das Bewusstsein mit einer Oberfläche des seelischen Apparats« und erklärt, dass »das Ich vom Es nicht scharf getrennt (sei), es fließt nach unten hin mit ihm zusammen«. Die seelischen Instanzen scheinen wie zwei übereinander liegende Meeresbereiche, deren Strömungen sich vermischen. Goldschmidts Fazit: »Wenn man Freud liest, könnte man meinen, das Unbewusste sei so beschaffen wie das Meer, es scheint um eine Senkrechte organisiert zu sein, das Unbewusste, immer tiefer in den Seelenraum abzusinken, während ständig etwas aus der Tiefe aufsteigt, daher der Wiederholungszwang, daher die Wiederkehr des Verdrängten.«[72]

Auch bei C. G. Jung (1875 - 1961) steht das Meer in Träumen und Fantasien für das Unbewusste, eignet sich das Meer als riesige Projektionsfläche für unsere unbewussten Affekte und Impulse: »Die Natur, das Objekt überhaupt, spiegelt alles jenes wider, das Inhalt unseres Unbewussten, aber als solcher nicht bewusst ist. Viele Lust- und Unlusttöne der Wahrnehmung schreiben wir ohne weiteres dem Objekt zu, ohne zu überlegen, inwiefern Letzteres dafür überhaupt verantwortlich gemacht werden kann.«[73], notiert der Tiefenpsychologe 1952 in *Symbole der Wandlung*.

Psychologen sahen und sehen im Meer aber nicht nur ein Symbol für das Unbewusste, sondern zugleich ein Symbol für den Schoß der Mutter, den Wunsch nach mütterlicher Geborgenheit. Und abermals waren es, neben den alten Mythen, die Dichter, die – die wissenschaftlichen Forschungsergebnisse antizipierend – darauf aufmerksam machten: So der britische Schriftsteller der Romantik und Verfechter des Atheismus Percy Bysshe Shelley (1792 - 1822), der in *A vision of the sea* aus dem Jahre 1819 seinen Traum von der Rückkehr in den (Mutter-)Leib des Meeres beschreibt. »Nach dem Schiffbruch herrscht ein wechselseitiges Verschlingen, bis zur endgültigen Absorption durch das gefräßige Meer, den ›Archetyp des Abstiegs und der Rückkehr zu den ursprünglichen‹ Quellen des Glücks.«[74], kommentiert der 1932 geborene französische (Kultur-)Historiker Alain Corbin dieses Langgedicht Shelleys. Mit diesem Poem, aber auch mit anderen Werken hat Shelley nicht nur seiner lebenslangen Liebe zum Meer, zu allem Wässrigen überhaupt, seinem Schicksalselement, poetischen Ausdruck verliehen, sondern zugleich sein eigenes tragisches Ende vorweggenommen. Denn der Frühvollendete sollte bei einer Segeltour an der Küste bei La Spezia – nahe Viareggio in der italienischen Provinz Toskana am Tyrrhenischen Meer – mit einer Ausgabe von Sophokles in der Hand den Tod in den Fluten finden. »Mit angelegten Armen versank er ergeben in den Wellen ...« Das Boot war gekentert und Shelley, der notorische Nichtschwimmer (sic!), ertrunken.

Der norwegische Dramatiker Henrik Ibsen (1828 - 1906) hielt in seinen ersten Aufzeichnungen zu seinem Schauspiel *Die Frau vom Meer* aus dem Jahre 1888 in München folgende Erkenntnis über die Anziehungskraft des Meeres beziehungsweise die menschliche Sehnsucht nach dem Meer fest: »Die Menschen sind verwandt mit dem Meer. Möchten dorthin zurück. Eine Fischart bildet ein Urglied in der Entwicklungsreihe. Finden sich noch Rudimente im menschlichen Gemüt? Im Gemüt einzelner Menschen? Bilder vom pulsierenden Leben im Meer und vom ›ewig Verlorenen‹. Das Meer beherrscht die Macht der Stimmungen, eine Macht, die wie ein Wille wirkt. Das Meer kann hypnotisieren.«[75] Im Mittelpunkt des Dramas steht Ellida, die als Tochter eines Leuchtturmwärters auf dem Meer aufwuchs, und nun vor eine schwere Lebensentscheidung gestellt wird: Entweder bei ihrem Mann und dessen Kindern aus erster Ehe zu bleiben, zu denen sie jedoch keinen rechten Bezug bekommt, oder mit einem – die Freiheit symbolisierenden – Seemann, mit dem sie vor Jahren auf offener See eine Art geheime Verlobung hatte, für immer wegzufahren.

Und, um ein drittes rezenteres literarisches Beispiel anzuführen, der 1930 in Pommern geborene deutsche Schriftsteller Hans-Jürgen Heise: »Ich zumindest habe ein geradezu körperlich-erotisches Verhältnis zum Wasser. Es ist – mythisch wie psychoanalytisch gesprochen – das Sinnbild des Mütterlichen schlechthin. Alles Leben entstammt dem feuchten Element. Und so gesehen, steckt in der Liebe zum Meer stets noch ein wenig Inzest: Wir lassen uns mit unserer Urmutter ein. Das Meer, weil es unsere atavistische Heimat ist, wird immer wieder unser Ziel. Die Vision vom Paradies ist die dämmernde Erinnerung, das Fernweh symptomverschleiertes Heimweh nach der verlorenen Kindheit.«[76] Zum literarischen Thema macht der heute in Kiel lebende Heise das Meer in vielen seiner Bücher, so in *Küstenwind* von 1969 und in *Underseas Possessions* aus dem Jahre 1972.

Der ungarische Psychoanalytiker Sándor Ferenczi (1873 - 1933), der mehr als zwanzig Jahre lang mit Sigmund Freud in freundschaftlichem Gedankenaustausch stand, sollte dafür sogar einen eigenen Begriff prägen: »thalassaler Regressionszug«. Was genau ist damit gemeint? Helmut Dahmer, der Herausgeber von Ferenczis Schriften, fasst diesen für uns folgendermaßen zusammen: »Vom Augenblick seiner Geburt an ist der Mensch ›von einem unaufhörlichen regressiven Zug nach der Wiederherstellung der Mutterleibssituation beherrscht‹, der sich – nach Ausbildung des ›erotischen Wirklichkeitssinnes‹ – in der Begattung eines heterosexuellen Partners partiell realisiert. Dieser ›maternale Regressionszug‹ ist aber selbst wieder überdeterminiert: hinter ihm steht der ›thalassale Regressionszug‹, das Erbe der großen Eintrocknungskatastrophe, die viele Seetiere zum Landleben, zur Umstellung auf die Lungenatmung und zur Ausbildung von Amnien zwang, die dem Embryo die aufgegebene Fisch-, also Meeresexistenz im mütterlichen Organismus ermöglichen, sowie zur Ausbildung von Begattungsorganen, die das Einbringen der Spermien ins feuchte Innere des weiblichen Organismus ermöglichen.«[77]

Die von Ferenczi in diesem Zusammenhang vertretene Theorie, dass Seetiere aufgrund einer »großen Eintrocknungskatastrophe« (der Meere) zum Landleben gleichsam »gezwungen« worden seien, dürfte indes nach heutigen Erkenntnissen der Evolutionsbiologie nicht mehr trag- und haltbar sein. Im Gegensatz zur so genannten Rekapitulationstheorie, auf die der Psychoanalytiker im gleichen Atemzug anspielt. Letztere ist eine 1866 von dem Biologen Ernst Haeckel aufgestellte These, derzufolge beispielsweise der menschliche Embryo und Fötus in seiner individuellen Entstehung (der Ontogenese) die Stammesgeschichte der Lebewesen (die Phylogenese), gleichsam im Zeitraffer durchläuft und wiederholt.

Wie sehr Babys noch eins mit dem Wasserelement sind, zeigt sich etwa daran, dass sie erst vom sechsten Lebensmonat an den Reflex verlieren, beim Untertauchen die Atmung einzustellen. Dem 1919 geborenen österreichischen Tauchpionier und Unterwasserfilmer Hans Hass zufolge, ist jedes Landlebewesen ein Landlebewesen im Exil, das ein »notwendiges bisschen Meer« mit sich tragen müsse. Und für den 1931 in Prag geborenen US-amerikanischen Medizinphilosophen, Psychotherapeuten und Psychiater Stanislav Grof, dem Begründer der Transpersonalen

Psychologie, ist der Grund, warum Menschen große Glücksgefühle beim Schwimmen und Schweben im Wasser empfinden, offensichtlich: Wir werden an unseren ozeanischen Glückszustand als Embryo erinnert!

Ein Umstand, den sich das so genannte *Floating* (englisch: schweben) zunutze macht: Eine erstmals in den 1950er- und seit den 70er-Jahren im Zuge der New-Age-Bewegung verstärkt eingesetzte Therapiemethode, bei der Personen mit Hilfe von konzentriertem, 35 Grad warmem Salzwasser in speziellen Floating- oder Samadhi-Tanks, abgeschottet von Außenreizen, gleichsam schwerelos (wie ein Fötus im Mutterleib oder ein Astronaut im Weltraum) an der Wasseroberfläche treiben, um physische und mentale Tiefenentspannung, mitunter sogar euphorisch-ekstatische Zustände zu erreichen.

Dass die Natur gleichsam das Menschenkind aus dem Leib der Mutter, aus dem pränatalen intrauterinen Wasser, an die Strände des Lichts *(in luminis oras)* wirft, wie der Schiffer von den wütenden Wogen des Meeres ans Land geschleudert wird, und mithin bereits der Beginn des Lebens unter dem Zeichen eines verlorenen »Meer-Paradieses« steht, das wir wiederzuerlangen trachten, können wir im Übrigen bereits bei dem römischen Philosophen und Dichter Lukrez (um 96 - 55) in seinem von Cicero herausgegebenen Lehrgedicht *De rerum natura* (Über die Natur, Vers 222 - 227) nachlesen!

In der Psychoanalyse wird das Meer aber nicht nur mit der Mutter, sondern mit der Frau, dem Weiblichen im Allgemeinen in Zusammenhang gebracht. So assoziiert der 1942 geborene Literaturwissenschaftler, Kulturtheoretiker und Philosoph Klaus Theweleit in seinen zwei Bände umfassenden, in den Jahren 1977/78 erschienenen *Männerfantasien*: »Die Frau aus dem Wasser, die Frau als Wasser, als brausendes, spielendes, kühlendes Meer, als reißender Strom, als Wasserfall, als unbegrenztes Gewässer, durch das die Schiffe treiben, mit Seitenarmen, Tümpeln, Brandungen, Mündungen; die Frau als lockende (oder gefährliche) Tiefe, als Becher, in dem der Saft sprudelt, die Vagina als Welle, als Schaum, als dunkler Ort ...«[78] Ob zu seiner Beglückung oder zu seinem Leidwesen, der Mann wird immer von diesem Weiblichen überflutet, überwältigt, von einem Größeren als er selbst ist überwunden, und zwar ganz unabhängig von einer vermeintlichen Vergöttlichung oder ängstlichen Eindämmung desselben.

Mit dem Meer verbinden Psychoanalytiker – neben dem Unbewussten und Mütterlichen, dem Weiblichen generell – aber noch ein Drittes: das so genannte »ozeanische Gefühl« im Sinne einer Allverbundenheit und Zusammengehörigkeit mit dem Ganzen, das mittlerweile zum geflügelten Wort geworden ist, dessen Ursprung den meisten, die es im Mund führen, jedoch unbekannt sein dürfte. Im Jahre 1927 publizierte Sigmund Freud seine religionskritische Schrift *Die Zukunft einer Illusion*, die als sein Hauptwerk über die Religion gilt. Grundlage der Religion sei – so der Vater der Psychoanalyse – die menschliche Hilflosigkeit. Eine infantile Reaktion hierauf sei der Wunsch nach einem schützenden Vater. Dieser Wunsch werde in der Religion erfüllt, allerdings nur in der Fantasie. Folglich sei die Religion eine Illusion beziehungsweise eine Wunscherfüllungsfantasie und damit letzen Endes auch eine Zwangsneurose. Stattdessen müsse der Mensch seine Ohnmacht gegenüber der äußeren Natur, aber auch und gerade gegenüber Krankheit und Tod akzeptieren. Mit dem Fortschritt der Wissenschaften gehe folglich automatisch der Niedergang der Religion einher.

Als Reaktion auf diese religionskritische Schrift erhielt Freud vom französischen Schriftsteller und seit 1915 Träger des Literaturnobelpreises Romain Rolland (1866 - 1944) einen Brief. Darin warf dieser ihm vor, das, wie er es nennt, »ozeanische Gefühl« als Quelle der Religiosität gänzlich vernachlässigt zu haben. In *Das Unbehagen in der Kultur* von 1930 setzte Freud sich wiederum mit Rollands Kritik auseinander. In dem Kapitel *Gefühl*

der Hilflosigkeit als Ursache des Bedürfnisses nach Religion
antwortet Freud Rolland, indem er das »ozeanische Gefühl« als
einen primären Narzissmus noch ohne Grenze zwischen Ich und
Außenwelt rekonstruiert und ihn für eine sekundäre Quelle der
Religion erklärt: »Einer dieser ausgezeichneten Männer nennt
sich in Briefen meinen Freund. Ich hatte ihm meine kleine Schrift
zugeschickt, welche die Religion als Illusion behandelt, und er
antwortete, er wäre mit meinem Urteil über die Religion ganz
einverstanden, bedauerte aber, dass ich die eigentliche Quelle
der Religiosität nicht gewürdigte hätte. Diese sei ein besonderes
Gefühl, das ihn selbst nie zu verlassen pflege, das er von vielen
anderen bestätigt gefunden und bei Millionen Menschen vor-
aussetzen dürfte. Ein Gefühl, das er die Empfindung der ›Ewigkeit‹ nennen möchte, ein Gefühl wie von etwas Unbegrenztem,
Schrankenlosem, gleichsam ›Ozeanischem‹. Dies Gefühl sei eine
rein subjektive Tatsache, kein Glaubenssatz; keine Zusicherung
persönlicher Fortdauer knüpfe sich daran, aber es sei die Quelle
der religiösen Energie, die von den verschiedenen Kirchen und
Religionssystemen gefasst, in bestimmte Kanäle geleitet und gewiss auch aufgezehrt werde. Nur auf Grund dieses ozeanischen
Gefühls dürfe man sich religiös heißen, auch wenn man jeden
Glauben und jede Illusion ablehne.«[79]

Wie Freud eingesteht, bereitete ihm die Äußerung seines Freun-
des »nicht geringe Schwierigkeiten«, wiewohl er ein solch »oze-
anisches Gefühl« an sich selbst nicht zu entdecken vermochte.
Um sich Letzteres trotzdem plausibel zu machen, verweist Freud
einerseits auf die Existenz pathologischer Zustände, in denen
die Grenze zwischen Ich und Außenwelt unsicher oder falsch
gezogen erscheint, und andererseits auf die Welt des Kindes,
das noch nicht die dem Erwachsenen geläufige scharfe Abgren-
zung zwischen Ich und Anderen kenne: »Ursprünglich enthält
das Ich alles, später scheidet es eine Außenwelt von sich ab.« In
der *Nachschrift* von 1935 zu seiner »Selbstdarstellung« bemerkt

Freud: »In der *Zukunft einer Illusion* hatte ich die Religion haupt-
sächlich negativ gewürdigt; ich fand später die Formel, die ihr
bessere Gerechtigkeit erweist: ihre Macht beruhe allerdings auf
ihrem Wahrheitsgehalt, aber diese Wahrheit sei keine materiel-
le, sondern eine historische.«[80] Ob Freuds Erklärung des ozeanischen Gefühls wirklich zutrifft, sei dahingestellt. Tatsache bleibt
jedoch, dass nicht wenige Menschen diese Erfahrung gemacht
und auch reichlich dokumentiert haben, allen voran die Mystikerinnen und Mystiker dieser Welt, auf die wir im VII. Kapitel
ausführlich eingehen werden.

Neben der tiefenpsychologischen Symbolinterpretation des Meeres haben Psychologen sich außerdem früh für die unmittelbare Wirkung des Meeres auf den Sinnenapparat und die Psyche
des Menschen interessiert. Zu den Pionieren zählt hierbei Willy
Hellpach mit seinem 1911 zum ersten Mal erschienenen Buch
*Geopsyche. Die Menschenseele unter dem Einfluss von Wetter
und Klima, Boden und Landschaft:* »Längerer Strandaufenthalt
bringt seelisch eine Entspannung der Aktivitätsfunktionen der
Psyche, vor allem der Aufmerksamkeit hervor; gleichzeitig tritt
eine Steigerung der Bewegungsantriebe, also eine leichte psy-
chomotorische Erregung ein. Der experimentelle Ermittler dieser Wirkungen, die an Kindern studiert wurden, Dr. Berliner,
wollte die Erregung auf die Kühlwinde, die Aufmerksamkeits-
minderung auf die Feuchtwinde schieben. Das dürfte eine im
Ganzen richtige Zurechnung sein; nur ist zu bedenken, dass viele Erwachsene eher in eine Art behäbiger Apathie verfallen, die
zum stundenlangen Faulenzen geneigt macht. Vielleicht hängt
das damit zusammen, dass erholungsuchende Erwachsene sehr
oft am Strande sich solcher Apathie hemmungslos hingeben, indem sie sich noch dazu durch die landschaftlichen Faktoren der
Meeresweite und des Meeresrauschens in eine Art Einschläfe-
rung (man hat von einer leichten Hypnose gesprochen) versetzen
lassen, während alle Kinder am Seestrand die unerschöpflichste

Spielgelegenheit finden, die es in der Welt für sie gibt. Durch ihr unermüdliches Sich-Tummeln in der kühlwindigen Strandluft werden sie motorisch erregt, die Erwachsenen hingegen schützen sich schon durch Lagern im Sande, zwischen Dünen, durch Aufenthalt in Zelten vor der Windigkeit und geben sich ruhend viel einseitiger der feuchttemperierten Maritimität des Strandklimas hin.«[81] Der deutsche Mediziner, Psychologe und Politiker Hellpach widmete sich aufgrund seiner Begeisterung für das Meer, aber auch für andere Landschaftsformen darüber hinaus wiederholt (pan-)theologischen Fragen, wie beispielsweise in seinem *Tedeum. Laienbrevier einer Pantheologie* aus dem Jahre 1951.

Mit dem kulturellen und damit auch psychologischen Bedeutungswandel, den das Meer in der Geschichte des Abendlandes erfahren hat, beschäftigt sich Alain Corbin in seinem Buch *Meereslust – Das Abendland und die Entdeckung der Küste*: Bis Mitte des 17. Jahrhunderts hatten die Menschen im Abendland eine nicht zuletzt religiös begründete Angst und Abscheu vor dem Meer. Galt das Meer in der Bibel doch noch als ein Ort des Chaos (in der *Genesis* oder den Büchern *Hiob und Jona*) und als Bestrafungsinstrument, etwa in Gestalt der Sintflut. Im Mittelalter wurde es gar mit dem »Reich des Fürsten der Winde«, das heißt mit dem Teufel gleichgesetzt. Im Zuge der natürlichen Theologie, der so genannten Physikotheologie, die in der gesamten Natur einen Spiegel der Macht und Güte des Schöpfergottes und eine geheimnisvolle Übereinstimmung zwischen dem Menschlichen und dem Göttlichen, dem Mikro- und dem Makrokosmos, zu erkennen glaubt – »Der Herr ist wunderbar in seinen Werken«, verkündete die heilige Schrift vor allem in den Psalmen –, wandelte sich jedoch auch die Sicht des Meeres zum Positiven hin.

So schrieb ein englischer Reisender namens Addison 1712 in der Zeitschrift *The Spectator* einen wahren Hymnus auf das Meer und damit zugleich auf seine Ästhetik des Erhabenen: »Bei allem, was ich je gesehen habe, hat nichts meine Phantasie so angeregt wie das Meer oder der Ozean. Wenn ich sehe, wie diese gewaltigen Wassermassen sich selbst bei ruhigem Wetter erheben, kann ich nicht umhin, angenehme Überraschung zu empfinden; und wenn der Sturm sie erst so aufwühlt, dass der Horizont nach allen Seiten nurmehr aus schäumenden Wellen und schwimmenden Bergen besteht, ist das köstliche Grauen, das ein solches Schauspiel auslöst, schier unbeschreiblich.

Ein wogendes Meer stellt für den Menschen, der darauf segelt, meiner Ansicht nach das Ungeheuerlichste dar, was er in Bewegung sehen kann, und vermittelt seiner Phantasie infolgedessen eine der höchsten Freuden, die Größe überhaupt erwecken kann. Ich muss gestehen, dass ich dieses Universum aus flüssiger Materie nicht betrachten kann, ohne unwillkürlich an die Hand zu denken, die es dereinst ergoss und ein tiefes Becken schuf, es aufzunehmen. Ein solcher Gegenstand lässt in meinem Geist ganz von allein die Idee eines Allmächtigen Wesens aufkommen und überzeugt mich ebenso von seiner Existenz wie eine metaphysische Beweisführung.«[82]

In die gleiche Richtung gehen auch die pantheistischen Träumereien eines Jacques-Henri Bernardin de Saint-Pierre (1737 - 1814). Der französische Schriftsteller, der vor allem durch sein Kinderbuch *Paul et Virginie* Weltruhm erlangen sollte, brachte sein Verlangen nach der Meeresküste so intensiv wie niemand zuvor zum Ausdruck. In seinem 1815 veröffentlichten Werk *Harmonie de la nature* schreibt er: »Nicht auf den Berggipfeln, sondern am Meeresufer, nicht in den Logen, sondern im Parkett vollenden sich die Perspektiven, die Bühnenbilder, die Konzerte und die Dramen des großen Architekten, Malers, Musikers und Dichters dieser Welt ... Besonders an den Küsten des Ozeans, am Grund des unermesslich weiten Tals, das ihn umschließt, vereinigt sich das harmonische Zusammenspiel aller Kräfte der Natur.«[83] Saint-Pierre, so sein eigentlicher Name, wuchs in der nordfranzösischen, am Ärmelkanal gelegenen Hafenstadt Le

Havre auf, reiste 1768 auf die damals französische Insel Mauritius im Indischen Ozean, kehrte jedoch 1771 wieder nach Europa zurück und wurde ein Freund und Jünger des in Paris lebenden Jean-Jacques Rousseau.

Auslöser für einen grundlegenden Wandel der Meereswahrnehmung, vor allem für ein aufkommendes und rasch um sich greifendes Verlangen nach der Meeresküste war jedoch die ab Mitte des 18. Jahrhundert sich durchsetzende Bädermode. In zahlreichen an den Küsten Frankreichs, Englands und Deutschlands entstandenen Kurorten versuchten Ärzte ihre an den angeblichen Folgen der urbanen Zivilisation (Luftverschmutzung, aber auch Melancholie und Sittenlosigkeit) leidenden Patienten mit Hilfe des Meeres zu heilen. Die Behandlung von körperlichen, aber auch psychischen Krankheiten mit kaltem oder erwärmtem Meerwasser, mit Meeresluft, Sonne, Algen, Schlick und Sand kursierte bald unter dem Namen *Thalasso*. (Dabei hatte bereits der Grieche Hippokrates in seinem Traktat *De liquidorum usu* im fünften vorchristlichen Jahrhundert die Idee des heilenden Salzwassers aufgebracht – ein Ansatz, den die alten Römer aufgreifen sollten: Sanus per aquam = SPA.) Als Geburtsjahr dieser neuen Therapieform gilt 1750, als der englische Arzt Richard Russell seine Doktorarbeit unter dem Titel *De Tabe glandulari, seu de usu aquae marinae* zur therapeutischen Wirkung von Meerwasser gegen Infektionskrankheiten veröffentlichte. »Das reinigende Meer spült allen Schmutz der Menschheit ab«[84], und »mildert die Glut der Leidenschaften«[85], lautet das Credo des Meerpropheten. Die erste Aussage ist ein Zitat aus Euripides' *Iphigeneia bei den Taurern* und steht bei Russell nicht nur als Motto über seinem Buch, sondern auch eingemeißelt auf seinem Grabstein!

Eine Rehabilitation sollte auch das Schwimmen erleben, das dem Christentum, genauer gesagt der Kirche, nicht zuletzt aufgrund der damit verbundenen Blöße und Sinnlichkeit von Beginn an suspekt geworden war. »Anstatt schwimmen zu lernen, übten sich Seeleute und Fischer künftig in Gottvertrauen«, schreibt John Düffel, der große Philosoph des Wassers und Autor des preisgekrönten Romans *Vom Wasser* (1998), in seinem Vorwort zu Charles Sprawson Kulturgeschichte des Schwimmens *Ich nehme dich auf meinen Rücken, vermähle dich dem Ozean* aus dem Jahre 2002. »Erst im Zuge der Rückbesinnung auf das klassische Erbe breitet sich im England des 18. und 19. Jahrhunderts die Begeisterung für das Schwimmen wieder aus. Dichter, Abenteurer und exzentrische Aristokraten begeben sich auf die Spuren einer verloren geglaubten Wasserwelt.«[86]

Sprawson verbrachte seine Kindheit in Indien, wo er im unterirdischen Gewölbe eines Prinzessinnenpalastes das Schwimmen lernte, das für ihn zu einer lebenslangen Leidenschaft werden sollte. Geschrieben hat er sein Buch über das Schwimmen jedoch nicht aus dem Moment des Einsseins mit dem Wasser, sondern aus dem Durst: während vier Jahren, die er als Dozent für »klassische Kultur« in Arabien verbrachte – umgeben von Dürre und sengendem Licht. Von einer Strategie der Kompensation würden in diesem Fall wohl die Psychologen sprechen.

Gegen Mitte des 19. Jahrhunderts vollzog sich dann ein weiterer Wandel. Corbin spricht von der »Wende vom Therapeutischen zum Hedonistischen«, das heißt, die Kurorte und Strände verwandelten sich allmählich in Vergnügungszentren, die mit Kasinos, Ballsälen und Strandpromenaden die gesellschaftliche Oberschicht anlockten. Diese Doppelfunktion, nämlich sowohl Orte der Erholung als auch des Vergnügens zu sein, erfüllen die Meeresküsten der Welt bis heute. Darüber hinaus entwickelte sich an der Meeresküste ein Modell der Selbstfindung: »Am Meeresufer, angesichts der Leere des Ozeans und der Verfügbarkeit des Strandes, kann das moderne Subjekt sich selbst entdecken, seine eigenen Grenzen erfahren. Hier, in dieser erhabenen Umgebung, erzittert das Ich, den Wellen und dem salzigen Meerwind ausgesetzt, bei der Betrachtung des ungeselligen Schauspiels eines entfesselten Sturms. Hier kann der Erwachsene, der gern durch das Wattenmeer reitet, auch die Regression genießen. Er überrascht sich selbst bei ungewohnten Tätigkeiten, wenn er im Sand nach Muscheln sucht, sich in Höhlen verkriecht oder die Umrisse seines Inselterritoriums erkundet«[87], notiert Corbin.

Seit die Menschen die Meeresküsten für sich entdeckt haben, verbindet sich für sie interessanterweise auch die Vorstellung vom (irdischen) Paradies sehr stark mit dem Strand. Was eine spezifisch moderne Formulierung des Paradieses darstellt, wenn man bedenkt, dass seit biblischer Zeit, aber auch noch im ganzen Mittelalter und bis in die beginnende Neuzeit hinein das Paradies als ein abgeschlossener Garten Eden imaginiert worden war, in dem es überaus geordnet und gerade nicht wild zuging.

Dass mit einem Mal ausgerechnet die leere und einsame Meeres- und Küstenlandschaft zum paradiesischen, idyllischen Ort erkoren wurde, hängt zum einen sicher mit der kontemplativen Tradition der Romantiker zusammen, die in der Betrachtung des weiten Strandes, des unendlichen Meeres und Himmels nicht nur »Wahrheit«, sondern auch sich selbst zu finden hofften. Hinzu kommt das Ende des 19. Jahrhunderts entwickelte Interesse für Exotik, wie es sich beispielsweise in den leuchtend farbigen Südseeinsel-Bildern des »Eskapisten« Paul Gauguin spiegelt. Auch dürften spätestens seit den 1950er-Jahren die Werbestrategen der expandierenden Tourismusunternehmen dafür verantwortlich sein, die den Strand – vorzugsweise den von Palmen gesäumten Südseestrand – als Ort zwanglosen Feierns und (sexuellen) Vergnügens verkaufen: als den von der Zivilisation unberührten Ort par excellence, als Ort, an dem die Zeit stehen bleibt: Fiesta forever!

Mit der Verlagerung des Paradieses an den Strand gehen die Menschen außerdem davon aus, dass sie dieses – zumal mittels moderner Verkehrsmittel – auch wirklich, im physisch-konkreten Sinne erreichen können. Eine Vorstellung, die den mythisch-religiös geprägten Menschen früherer Zeiten, die das Paradies noch in einer jenseitigen, bestenfalls utopischen Welt verorteten, völlig fremd gewesen war.

Welche Gedanken, Gefühle, Bilder und Assoziationen verbinden Sie mit dem Meer? In jüngster Zeit hat sich Florian Schmid-Höhne in seiner empirischen Studie *Die Meere in uns. Eine psychologische Untersuchung über das Meer als Bedeutungsraum* mit der erstaunlichen Vielfalt an Bedeutungen auseinandergesetzt, die wir heute mit der maritimen Umgebung verbinden: das Meer als ein Ruhe-Ort, eine Heilquelle, ein Symbol der Freiheit, ein Urlaubsort, aber auch als eine unkontrollierbare Gefahr, wie sie uns zuletzt die Flutkatastrophen in Ostasien schmerzlich vor Augen geführt haben. Als die wichtigsten Punkte seines Fazits können folgende vier gelten:

1. »In den Bildern vom Meer spiegelt sich das kulturelle Selbstverständnis einer Zivilisation ...«[88]

2. »Es gibt eine Vielfalt von Meeren nicht nur für unterschiedliche Menschen, sondern auch für ein- und dieselbe Person.«[89]

3. »Kein Mensch kommt mit einem vorgefertigten Meeresbild auf die Welt. Es muss erst im Laufe seines Lebens und seiner Erfahrungen von ihm konstruiert und mit Bedeutung gefüllt werden. Jeder ist sozusagen der Schöpfer seines eigenen maritimen Bedeutungsraumes ...«[90]

4. »Die Bedeutung des Meeres wird in der Zukunft noch zunehmen. Immer mehr Menschen ziehen weltweit an die Küsten und auch der maritime Tourismus ist weiterhin auf dem aufsteigenden Ast. An diesem ›Meeresbedürfnis‹ wird wohl auch die Flutkatastrophe auf Dauer nichts ändern. Gleichzeitig wird das Meer, als potentielle Quelle für Waren ... und Energien ... auch wirtschaftlich eine immer entscheidendere Rolle spielen. Mit der zunehmenden Bedeutsamkeit des Meeres wird es auch wichtiger werden, welche Bedeutungen wir Menschen mit dem Meer verbinden. Denn wie wir das Meer sehen, beeinflusst ja

letztlich auch, wie wir uns ihm gegenüber verhalten. Wenn wir lernen wollen, mit den Meeren zu leben, sollte eine gewisse maritime Erziehung verstärkt an der Tagesordnung sein.«[91]

Der Frage, wie und warum das Meer den Menschen glücklich macht, geht Eva Tenzer in ihrem gleichermaßen unterhaltsamen wie flüssig geschriebenen Buch *Einfach schweben* aus dem Jahr 2007 nach. Sie beschäftigt sich dabei unter anderem auch mit der in den 1980er-Jahren in USA geborenen Landschaftspsychologie, deren Erkenntnisse nicht zuletzt für die Tourismusforschung von Interesse sind. Studien haben beispielsweise ergeben, dass sich jeder zuallererst in seiner heimatlichen Landschaft und den ihr ähnlichen Landschaftsformationen wohlfühlt.

Bei näherem Hinsehen aber stellte sich heraus, dass es Landschaftsformen gibt, die man als *everybody's darling* bezeichnen könnte. Sie werden von fast allen Befragten, unabhängig von der geographischen und sozialen Herkunft, als schön empfunden. Zu ihnen gehört zweifellos das Meer, »der letzte freie Ort auf der Welt«, wie Hemingway das Meer nannte. Und dies vor allem aus einem Grund: Der wichtigste Eindruck am Meer ist der der Freiheit, Weite und Unendlichkeit, womit zugleich eine Atmosphäre von Abenteuer und Fernweh vermittelt wird. »Dass das Meer als letzter freier Ort empfunden wird, liegt auch daran, dass man es nicht bebauen kann. Selbst die entlegendsten Bergtäler und Wüstengegenden können mit Gebäuden, Seilbahnen und Straßen überzogen werden. Das Meer nicht. Es wird optisch ein freier Ort bleiben. Das Meer ist alterslos, es kennt keine Jahreszeiten, es ist unbewohnbar und ohne sichtbare Spuren.«[92] Die Metapher der »Spurlosigkeit« der auf dem Meer gezogenen Bahnen begegnet uns im Übrigen schon bei Goethe gegen Ende des 15. Buches von *Dichtung und Wahrheit*, dem zufolge alles, was auf dem Meere geschieht, so ist, als sei es niemals geschehen ...

Doch zurück zur Landschaftspsychologie: Was unterscheidet den wahren Meerestypen vom Bergtypen? Tenzer vermutet, dass die Meerestypen vor allem die bequemeren und lustorientierteren unter den Zeitgenossen sind und dass Bergtypen nicht das mögen, was Meerliebhaber besonders schätzen, nämlich die Weite, die Unendlichkeit des Horizontes und den grenzenlosen Blick.

Die Meerliebhaber lassen sich wiederum in drei Typen unterteilen: in den eher familienorientierten, pflichtbewussten, ordnungsliebenden und sparsamen Ostsee-Typen, der Sicherheit und Geborgenheit sucht; in den individualistischen, freiheitsliebenden, dynamischen Nordsee-Typ (sozusagen der Alpinist unter den Meerliebhabern); sowie in den Mittelmeer-Typen, für den Baden, Ausruhen und viel Vergnügen im Vordergrund stehen und der eine gewisse Neigung zum Prestige und Imponieren aufweist. Selbstredend gelten diese Typisierungen nur *cum grano salis*. Doch was ihnen allen gemein sein dürfte, ist die Verbundenheit mit der Natur, mit etwas, das den Menschen weit übersteigt.

IV. ABENTEUERLICHE LEBENSFAHRT

Das Meer der Dichter

Ich bin nun ganz eingeschifft auf der Woge der Welt –
voll entschlossen: zu entdecken, gewinnen, streiten,
scheitern oder mich mit aller Ladung in die Luft zu sprengen ...
Johann Wolfgang von Goethe

Das große poetische Potential des Meeres, dessen literarischen Me(e)hr-Wert entdeckten die Dichter seit Anbeginn: von dem babylonischen Gilgamesch-Epos, Homers *Odyssee* und Vergils *Äneis* über *Sindbad den Seefahrer* (in Tausendundeiner Nacht) und Herman Melvilles *Moby-Dick* bis hin zu Jules Vernes *20.000 Meilen unter den Meeren* und Ernest Hemingways *Der alte Mann und das Meer.* In den letzten zwei Jahrtausenden findet sich im Abendland aber vor allem ein Topos, ein Bild immer wieder, in schier unerschöpflicher Variation: Die Lebensfahrt auf dem Meer der Welt als eine besonders starke und anschauliche Daseinsmetapher, und zwar quer durch alle Gattungen und Textsorten. »Die See zu befahren ist Metapher für den Lebensgang geworden, obwohl es nie das Normale und ›Landläufige‹ gewesen war, vielmehr immer Überschreiten einer Grenze zum nicht Geheuren und Unheimlichen hin.«, lesen wir in Hans Blumenbergs Großessay *Schiffbruch mit Zuschauer* (1979), der auf das Paradoxon aufmerksam macht, dass der Mensch als Festlandwesen »die Bewegung seines Daseins im Ganzen ... bevorzugt unter der Metaphorik der gewagten Seefahrt zu begreifen«[93] sucht.

Das Meer ist dabei stets ein Bild der Welt: unüberschaubar, von trügerischer Glätte, aufgewühlt von Stürmen, den Schicksalsschlägen, voller verborgen lauernder Klippen und Riffe, den Fährnissen des Lebens. Das Schiff entspricht in seiner Körperlichkeit meist dem Leib des Menschen. Das Segel versinnbildlicht den Antrieb, das Steuerruder die Lenkung des Lebensschiffes. Der Steuermann ist das Ich, der Wille oder die Seele, der Geist, aber auch – personifiziert – die Philosophie oder der Glaube. Und, vielleicht das wichtigste, aber auch auf irritierende Weise offen bleibende Bildelement: der Hafen beziehungsweise »die

Hafenfrage«, wie Gottfried Benn sie in seinem Gedicht *Radar* von 1949 titulierte.[94]

Für den römischen Philosophen und Tragödiendichter Lucius Annaeus Seneca (4. v. Chr. - 65 n. Chr.), ein Erzieher Neros – der ihn später zum Tode verurteilen sollte –, ist die Philosophie die wahre Lenkerin des Lebensschiffes, das durch das Meer der Welt gesteuert werden muss. Am Anfang des 70. Briefes an seinen Freund Lucius betont der Stoiker besonders einen Aspekt der Lebensfahrt: die vorbeieilende Zeit. Wie auf einer Schifffahrt Länder und Städte hinter uns verschwinden, so verlieren wir unsere Lebensabschnitte von der Kindheit bis zum Alter aus den Augen, bis wir schließlich im Tod unseren Zielhafen erreichen, über dessen genauere Beschaffenheit sich Seneca allerdings ausschweigt:

»Vorbeigesegelt sind wir am Leben, und wie auf dem Meer (so sagt unser Vergil), die Länder und Städte in der Ferne verschwinden‹, so verlieren wir in diesem rasenden Ablauf der Zeit zuerst die Kindheit aus den Augen, dann die Jugendzeit, dann alles, was zwischen Jugend und Alter liegt und an beide grenzt, dann die besten Jahre des eigentlichen Altseins. Zuallerletzt zeigt sich langsam die Grenze des Menschenlebens.

Für eine Klippe halten wir sie, wir Dummköpfe. Ein Hafen ist sie – manchmal erstrebenswert, niemals abzulehnen. Wer schon in jungen Jahren dahin verschlagen worden ist, der kann sich nicht mehr beklagen als einer, der in schneller Fahrt dorthin segelte. Denn, du weißt ja: Flaue Winde treiben ihr Spiel, halten den einen fest und machen ihn müde durch Ärger über die völlige Flaute; den andern treibt eine gleich bleibende frische Brise ganz schnell vor sich her. Genauso geht es uns, musst du dir vorstellen. Die einen hat das Leben schnellstens dorthin gebracht, wohin sie gelangen mussten, auch wenn sie zögerten; die andern hat es mürbe gemacht und weich gekocht.«[95] Seneca war es im Übrigen auch, der in seinen *Philosophischen Schriften* als einer der Ersten den Irrtum ausräumte, dass der Abstand zwischen Tod und Leben auf dem Meer geringer sei als auf dem Land. Der Tod sei vielmehr überall gleich nahe.[96]

War die Philosophie für Seneca die wahre Lenkerin des Lebens-schiffes, so wird Erstere für den Kirchenvater Aurelius Augus-tinus (354 - 430) sogar zum Hafen, zu einem Ort der Ruhe, hin-ter dem das Festland des glücklichen Lebens liegt. Wie im Falle Senecas sollte der Kurs des Lebensschiffes dabei durch Vernunft und Wille bestimmt sein. Doch als zufällig in dieses stürmische Meer *Geworfene* – eine Formulierung, die von den Existentialis-ten im 20. Jahrhunderts stammen könnte –, werden wir Irrfahrer nach Augustinus auf eine andere, höchst merkwürdige Art und Weise gerettet: Es sind gerade die Stürme, die Schicksalsschläge, die uns ins heißersehnte Land verschlagen – und nicht einfach nur die philosophische Vernunft oder der eigene Wille. Dass häufig erst das, was wir heute als eine »Grenzerfahrung« bezeichnen würden, die wahre Lebenswende bringt, hat Augustinus selbst erlebt. In seinen *Bekenntnissen* schildert er uns seine Bekehrung zum Christentum als tiefe Erschütterung und »gewaltigen Sturm«.

Was die philosophischen Seefahrer betrifft, so unterscheidet Au-gustinus dabei drei Typen: die in Küstennähe bleibenden und auf das Abenteuer des Lebens verzichtenden Philosophen, die in ihrer stillen Studierstube ihre Werke verfassen; die etwas muti-geren Philosophen, die sich aufs hohe Meer hinauslocken lassen, dabei aber Gefahr laufen, ihre wahre Heimat, die Philosophie, zu vergessen, und schließlich jene Philosophen, zu denen sich Augustinus selbst zählt, die trotz vieler Verirrungen »gewisse (natürlich christliche) Wegzeichen« erblicken:

»Vom Hafen der Philosophie aus hat man Zugang zum Festland des glücklichen Lebens. Wenn dahin ein von der Vernunft be-stimmter Kurs und der Wille allein führte – ich weiß nicht, ob ich dann ohne weiteres sagen könnte, dass weit weniger Menschen dort ankämen; denn auch jetzt gelangen, wie man sieht, nur ganz wenige ans Ziel.

Gott oder die Natur, das Schicksal oder der Wille ... hat uns zufällig in diese Welt wie in ein stürmisches Meer geworfen. Wie wenige Menschen würden da erkennen, woran sie sich halten sollen und auf welchem Wege sie zurückkehren müssen, wenn nicht irgendwann ein Sturm – den die Toren für ein Unglück halten – die unkundigen Irrfahrer gegen ihren Willen und Widerstand ins heiß ersehnte Land verschlagen würde?

Unter den Menschen, denen die Philosophie Aufnahme gewähren kann, lassen sich, wie mir scheint, etwa drei Arten von Seefahrern unterscheiden.

Die einen sind eben in dem Alter, da man der Vernunft mächtig ist. Sie flüchten sich mühelos mit leichtem Ruderschlag aus nächster Nähe in den Hafen, bergen sich an diesem Ort der Ruhe und richten dort das Leuchtzeichen irgendeines eigenen Werkes auf, das – soweit es möglich ist – die übrigen Bürger dazu bringen soll, sich zu ihnen zu begeben.

Andere aber haben es im Gegensatz zu den eben Genannten vorgezogen, aufs hohe Meer hinauszufahren, getäuscht von dessen höchst trügerischer Oberfläche. Sie wagen es, fern ihrer Heimat umherzuschweifen, und vergessen sie dabei oft. Wenn diese – ich weiß nicht auf welch dunkle Weise – ein scheinbar günstiger Rückenwind vorantreibt, gelangen sie in tiefstes Elend. Sie sind dabei jedoch hochgestimmt und froh, da der trügerische Glanz von Vergnügungen und Ehren sie allenthalben umschmeichelt. Wahrhaftig, was ist denen anderes zu wünschen in dieser Lage, in die sie heiteren Sinnes verstrickt sind, als widriges Wetter und – ist das zu wenig – sogar tobender Sturm und Gegenwind, um sie zu echten und beständigen Freuden hinzuführen, mögen sie dabei auch weinen und klagen ...

Zwischen beiden gibt es eine dritte Gruppe von Menschen. Ganz am Ende ihrer Jugend oder trotz langer und vieler Irrfahrten erblicken sie dennoch gewisse Wegzeichen, und sozusagen noch auf hoher See erinnern sie sich ihrer teuren Heimat. Sie kehren dann entweder zu ihr mit direktem Kurs durch nichts getäuscht und ohne weitere Verzögerung zurück, oder – was häufiger vorkommt – sie irren länger umher, weil sie entweder bei schlechter Sicht vom Kurs abkommen oder sich an sinkenden Gestirnen orientieren oder – von so mancher Verlockung gefangen – die Zeiten guter Fahrt verstreichen lassen. Sie geraten sogar oft in Gefahr. Auch diese verschlägt in den Wogen des Schicksals häufig eine Katastrophe, ein Sturm gleichsam, der all ihren Anstrengungen feind ist, in das heißersehnte ruhevolle Leben ...«[97]

Im christlichen Mittelalter verbindet sich der traditionelle Topos von der gefahrvollen Lebensfahrt auf dem Meer sodann mit Maria, der Mutter Jesu, die bereits seit Jahrhunderten nicht nur den Beinamen *regina coeli* (Himmelskönigin) hatte, sondern auch als *stella maris*, als Stern des Meeres, bezeichnet wurde. Adam von Sankt Viktor (um 1112 - 1177 oder 1192), der Pariser Augustiner-Chorherr, Kantor, geistliche Dichter und Komponist, gilt dabei als Erster, der Maria als »Stern des Meeres« und als Retterin auf der Lebensmeerreise besingt, und zwar in einem seiner zahlreichen lateinischen Reimsequenzen, die damals in den Kathedralen und Kirchen ganz Europas erklangen: *Stella maris* wurde im Mittellateinischen in der Folge auch zum Namen für den Polarstern, jenen Stern, der im Gegensatz zu den Wandelsternen oder Planeten, feststeht und an dem sich die Seefahrer sicher orientieren können:

Sei gegrüßt, einzigartige Jungfrau,
Mutter unseres Heilands!
Du wirst genannt Stern des Meeres,
unbeirrbarer Stern.

Lass uns darum im Meer dieses Lebens
nicht Schiffbruch erleiden,
sondern flehe für uns
zu deinem Heiland immerdar.

Das Meer der Dichter

Es wütet das Meer, es brüllen die Stürme,
die tobenden Fluten erheben sich.
Das Schiff jagt dahin, doch so viele Widrigkeiten
widerfahren seiner Fahrt!

Hier sind die Sirenen der Wollust,
der (Meeres-)Drache, die Hunde(-Ungeheuer),
dazu die Seeräuber:
all dies bedroht die fast Verzweifelten
mit dem Tode.

Aus dem Abgrund trägt nun
die wütende Welle das Boot hinauf zum Himmel.
Es schwankt der Mast, das Segel fliegt davon,
des Seemanns Kunst ist am Ende.

In diesen Übeln schwindet
unser sterblicher Leib dahin.
Du, vom Heiligen Geiste erfüllte Mutter,
befreie uns, die wir untergehen![98]

Fasziniert von der Meerfahrt-Metapher für den Lebensgang zeigt sich über ein Jahrtausend später auch Andreas Gryphius (1616 - 1664), der wohl größte deutsche, während der Schrecknisse des Dreißigjährigen Krieges wirkende Barockdichter. In einem seiner hochexpressiven Gedichte, einem *An die Welt* betitelten Sonett von 1643, ist es wie bei Augustinus gerade eine Katastrophe, ein Schiffbruch, der zum ewigen Vaterland führt. Gryphius' Thema ist einerseits die schroffe Absage an die Welt, andererseits die Sehnsucht der bald vom Leib befreiten Seele nach der Rückkehr ins ewige Vaterland. Drei zentrale sprachliche Bilder dominieren dabei das Gedicht: Das Schiff ist der menschliche Leib, die stürmische See ist die Welt und der Port ist das jenseitige ewige Leben. Gryphius verbindet mithin die Elemente des alten Topos von der Lebensfahrt auf dem Meer mit seiner konkreten Lebenserfahrung: »Tiefste, todesbereite Depression schwingt sich empor zur hochgestimmten Vision des ewigen Seelenheils. Barocke rhetorische und stilistische Figuren gehen auf in der Gestaltung existentiellen Erlebens. Kunstvolle, klangvolle Poesie findet sich mit scharfsinniger Reflexion in ungezwungener Harmonie«[99], wie Christoph Hönig in seiner Interpretation dieses gedanklichen und sprachlichen Kunstwerks resümiert:

Mein oft bestürmtes Schiff, der grimmen Winde Spiel,
Der frechen Wellen Ball, das schier die Flut getrennet,
Das über Klipp auf Klipp und Schaum und Sand gerennet,
Komm vor der Zeit an Port, den meine Seele will.

Oft, wenn uns schwarze Nacht im Mittag überfiel,
Hat der geschwinde Blitz die Segel schier verbrennet.
Wie oft hab ich den Wind und Nord und Süd verkennet!
Wie schadhaft ist der Mast, Steuer-Ruder, Schwert und Kiel!

Steig aus, du müder Geist! Steig aus! Wir sind am Lande.
Was graut dir vor dem Port? Itzt wirst du aller Bande
Und Angst und herber Pein und schwerer Schmerzen los.

Ade, verfluchte Welt: du See voll rauer Stürme!
Glück zu, mein Vaterland, das stete Ruh im Schirme
Und Schutz und Frieden hält, du ewig-lichtes Schloss![100]

Gut anderthalb Jahrhunderte später ist es nicht mehr allein der religiöse (christliche) Glaube, der den auf dem Meer der Welt umherschiffenden, umherirrenden Menschen den Weg zur wahren Heimat weist. Im Zeitalter der Romantik übernimmt die Poesie selbst diese Rolle, wird eine neue Kunst-Religion zum Licht des Leuchtturms. So in Ludwig Tiecks (1773 - 1853) *Poesie* betiteltem Gedicht von 1800 – jenem Jahre, das für viele den eigentlichen Beginn der Moderne markiert:

Das Meer der Dichter

Hinblickend zu des Lebens wüsten Meeren,
Versteh' ich, wie wir alle irren müssen.
Wie wir, von Wind und Wellen hingerissen,
Rund angekämpft, fortschweben in dem Leeren.

Was hilft's, mit Schwert und Schild sich zu bewehren?
Was frommt bei Sturm und wilden Regengüssen
Auch der Magnet und unser bestes Wissen?
Wir werden nimmer so zum Hafen kehren.

Doch will ein freundlich Feuer sich erhellen,
Das froh erglänzt von hoher Türme Zinnen,
Dann weiß das Schiff, wie es die Segel richte.

So ward ich früh gelenkt von deinem Lichte:
Die Poesie ließ mich den Weg gewinnen,
Zur Heimat trugen mich die goldnen Wellen.[101]

Dem Topos von der Lebensfahrt auf dem Meer begegnen wir sodann im Werk Friedrich Nietzsches (1844 - 1900), auch wenn der Dichterphilosoph nunmehr die alten entgegengesetzten Bilder vom stürmischen Meer und dem sicheren Land vermischt. Denn mit dem diagnostizierten Ende des metaphysischen Zeitalters und seiner Moralvorstellungen – »Gott ist tot!« – verschwindet auch das ersehnte Land, das bislang das Endziel der gefährlichen Reise war. Was bleibt ist das Meer selbst – und das Vertrauen des heroischen, den Nihilismus überwinden wollenden (Über-)Menschen in seine eigene Stärke. Wir beschränken uns auf zwei Textpassagen aus dem *Nachlass der achtziger Jahre*, der teilweise einst unter dem Titel *Der Wille zur Macht* als Nietzsches so genanntes Vermächtnis Berühmtheit erlangt hat:

»Wir wissen das ›Wohin‹ noch nicht, zu dem wir getrieben werden, nachdem wir uns dergestalt von unsrem alten Boden abgelöst haben. Aber dieser Boden selbst hat uns die Kraft angezüchtet, die uns jetzt hinaustreibt in die Ferne, ins Abenteuer, durch die wir ins Uferlose, Unerprobte, Unentdeckte hinausgestoßen werden – es bleibt uns keine Wahl, wir müssen Eroberer sein, nachdem wir kein Land mehr haben, wo wir heimisch sind. (...) Unsre Stärke selbst zwingt uns aufs Meer, dorthin, wo alle Sonnen bisher untergegangen sind: wir *wissen* um eine neue Welt ...«[102] In seinem Buch *Der Wille zur Macht* setzt Nietzsche, der im Übrigen selbst unter Seekrankheit litt, die Welt sogar mit dem Meer gleich: »Und wisst ihr auch, was mir ›die Welt‹ ist? ... ein Meer in sich selber stürmender und flutender Kräfte ..., mit einer Ebbe und Flut seiner Gestaltungen ... – wollt ihr einen *Namen* für diese Welt? ... *Diese Welt ist der Wille zur Macht – und nichts außerdem!*«[103]

Spätestens in der ersten Hälfte des 20. Jahrhunderts sollte der literarische Topos von der Lebensfahrt auf dem Meer der Welt jedoch sein Ende finden. Aber nicht etwa, weil diese ans Ziel gekommen wäre, sondern weil sie – wie bereits bei Nietzsche – ihr Ziel gänzlich verloren zu haben scheint. Die rettenden Leitbilder sind verschwunden, genauso wie die Sinnbilder, aus denen sich dieser Topos zusammensetzt.

Vom Verlust aller Orientierungsmöglichkeiten handelt mustergültig Franz Kafkas (1883 - 1924) Parabel *Der vertriebene Steuermann,* in der am Ende sogar das Ich von einer dunklen, fremden Macht vom Steuer des Lebensschiffes vertrieben wird. Kafka, der forderte: »Ein Buch muss die Axt sein für das gefrorene Meer in uns.«, schrieb diese Erzählung vier Jahre vor seinem Tod: »»Bin ich nicht Steuermann?‹, rief ich. ›Du?‹, fragte ein dunkler hochgewachsener Mann und strich sich mit der Hand über die Augen, als verscheuche er einen Traum. Ich war am Steuer gestanden in der dunklen Nacht, die schwachbrennende Laterne über meinem Kopf, und nun war dieser Mann gekommen und wollte mich beiseiteschieben. Und da ich nicht wich, setzte er mir den Fuß auf die Brust und trat mich langsam nieder, während ich noch immer an den Naben des Steuerrades hing und beim Niederfallen es ganz herumriss. Da aber fasste es der Mann, brachte es in Ordnung, mich aber stieß er weg. Doch ich besann mich bald, lief zu der Luke, die in den Mannschaftsraum führte, und rief: ›Mannschaft! Kameraden! Kommt schnell! Ein Fremder hat mich vom Steuer vertrieben!‹ Langsam kamen sie, stiegen auf aus der Schiffstreppe, schwankende müde mächtige Gestalten. ›Bin ich der Steuermann?‹, fragte ich. Sie nickten, aber Blicke hatten sie nur für den Fremden, im Halbkreis standen sie um ihn herum und, als er befehlend sagte: ›Stört mich nicht‹, sammelten sie sich, nickten mir zu und zogen wieder die Schiffstreppe hinab. Was ist das für ein Volk! Denken sie auch oder schlurfen sie nur sinnlos über die Erde?«[104]

Auch wenn Kafkas Parabel – wie sein Werk insgesamt – viele Rätsel aufgibt, die kaum zu lösen sind, so ist doch offensichtlich, dass wir es hier mit einer weiteren Variante des Topos von der Lebensfahrt auf dem Meer der Welt zu tun haben. Und dies, obgleich wichtige Elemente dieses Topos fehlen: Kein Meer, kein Sturm, kein Orientierungszeichen und auch kein Zielhafen. Lediglich ein Schiff, eine Mannschaft sowie ein einsames Ich, das es solange zu lenken versucht, bis es von einem mysteriösen Fremden entmachtet wird und das Schiff ohne erkennbares Ziel in der Nacht treibt.

Selbst jenes Sinnbild der Orientierung, Hoffnung und Rettung für die nächtliche Lebensfahrt schlechthin – der Leuchtturm – verliert seine Symbolkraft im Laufe des 20. Jahrhunderts vollends. So geschehen in dem *Leuchtfeuer* betitelten Gedicht von Hans Magnus Enzensberger (geboren 1929) aus dem Jahre 1964 (in dessen Gedichtband *Blindenschrift*), in dem das Leuchtfeuer zwar durchaus noch einen Zweck erfüllt, aber keinerlei metaphysisch-transzendenten Sinn mehr hat. Das Bild vom »Feuer« verweist nur noch auf sich selbst, nicht mehr über sich hinaus:

Dieses Feuer beweist nichts,
es leuchtet, bedeutet:
dort ist ein Feuer.
Kennung: alle dreißig Sekunden
drei Blitze weiß. Funkfeuer:
automatisch, Kennung SR.
Nebelhorn, elektrisch gesteuert:
alle neunzig Sekunden ein Stoß.

Fünfzig Meter hoch über dem Meer
das Insektenauge,
so groß wie ein Mensch:
Fresnel-Linsen und Prismen,
vier Millionen Hefnerkerzen,
zwanzig Seemeilen Sicht,
auch bei Dunst.

Dieser Turm aus Eisen ist rot,
und weiß, und rot.
Diese Schäre ist leer.
Nur für Feuermeister und Lotsen
drei Häuser, drei Schuppen aus Holz,
weiß, und rot, und weiß. Post
einmal im Monat, im Luv
ein geborstner Wacholder,
verkrüppelte Stachelbeerstauden.

Weiter bedeutet es nichts.
Weiter verheißt es nichts.
Keine Lösungen, keine Erlösung.
Das Feuer dort leuchtet,
ist nichts als ein Feuer,
bedeutet: dort ist ein Feuer,
dort ist der Ort wo das Feuer ist,
dort wo das Feuer ist ist der Ort.[105]

Der Paradigmenwechsel zur Moderne und der damit einherge-
hende Verlust eines geschlossenen Weltbildes zeigen sich somit nicht zuletzt im Zerbrechen des tradierten Topos von der
Lebensfahrt auf dem Meer der Welt. Denn aller Katastrophen,
aller Schiffbrüche zum Trotz, das Fahrtziel, der Bestimmungs-
hafen – ob in Gestalt des platonischen Ideenhimmels als ewiger
Wohnstätte der Seele oder des ewigen christlichen Vaterlandes
– blieben Jahrhunderte lang unbeirrt im Blick der Lebensmeer-
fahrer. (Vielleicht mit Ausnahme einiger skeptischer Denker wie
Michel Montaigne, der es bereits im 16. Jahrhundert vorzog, den
sicheren Hafen erst gar nicht zu verlassen, denn: »Tausende sind
noch im Hafen gescheitert«[106]!) Und heute? Kein Land mehr in
Sicht? Nur noch ziellose Sehnsucht und heilloses Irren? Nein,
noch schlimmer! Zumindest wenn man Christoph Hönig Glauben schenkt, denn: »Ein literarischer Text für die Endphase des
Lebensfahrt-Topos scheint zu fehlen: Am jetzigen Jahrtausend-
ende fährt – mit verrückt spielendem Kompass – das *Traumschiff*
munter im Kreis. Als Rundfahrt mit dem Vergnügungsdampfer:
so endet die lange und große *Fahrt des Lebensschiffs auf dem
Meer dieser Welt.*«[107]

Beenden wir unsere literarische Lebensfahrt auf dem Meer aber
mit einem hoffungsfrohen hawaiianischen Gedicht. Es trägt den
Titel *Na Nalu* oder »Die Wellen«:

Und vom Beginn des Lebens bis zu seinem Ende
Spiegelt das Meer die Phasen des irdischen Daseins.
Auch der Tod ist nichts als eine dunkle Welle,
die den toten Körper
in ihrer schnellen Strömung mitnimmt ...
Bis in ruhige Gewässer, wo er sich auflöst,
Damit er in neuer Form wiedererstehen kann.[108]

Dass die Hawaiianer – wie in diesem nach Kristin Zambuckas Buch über die Ende des 19. Jahrhunderts bereits im Alter von 23 Jahren verstorbene englische Kronprinzessin *Kaiulani von Hawaii* zitierten Gedicht – im Meer mit seinen Wellen das perfekte Bild für die Totalität von Leben und Tod, für deren enge, engste Zusammengehörigkeit erkennen, dürfte dabei gleich mehrere Gründe haben:

Der hawaiische Archipel ist die am weitesten vom Festland entfernte Inselgruppe der Welt – rund 4.000 km von der amerikanischen Westküste und rund 6.500 km von Japan entfernt. Bis Captain James Cook im Jahre 1778 die hawaiischen Inseln entdeckte, waren deren Bewohner vom Rest der bekannten Welt komplett isoliert. Sie selbst sollen der Legende nach in Ausleger-Kanus und mit Hilfe erstaunlich früh ausgereifter astronomischer Kenntnisse aus anderen Herren Länder weither über den Pazifischen Ozean in ihre »Heimat« – so eine der Bedeutungen des Namens *Hawaii* – gesegelt sein. Nichts kam in ihren Augen der Macht des Meeres gleich.

In den Mythen und Legenden der Hawaiianer finden sich zudem Gottheiten, die sowohl mit Leben und Fruchtbarkeit als auch mit Sterben und Tod und dabei zugleich mit dem allgegenwärtigen Meer in Zusammenhang gebracht werden. Zu ihnen zählt vor allem *Kanaloa*: Gott des Ozeans, Gott der Schöpfung, aber auch Gott der Dunkelheit und der Unterwelt, wobei *kanaloa*, sinngemäß übersetzt, desgleichen »der große Friede«, »die große Ruhe« sowie »vollkommenes Vertrauen« meinen kann.

Auch gab es – gibt es mitunter heutzutage noch – in der polynesischen Sichtweise der Welt gar keinen wirklichen Unterschied zwischen Diesseits und Jenseits, zwischen Leben und Tod, werden die beiden Seinsbereiche, ihrem religiösen Glauben zufolge, doch durch eine einzige große spirituelle Macht – nämlich durch das so genannte *Mana* – geeint und durchströmt: Welle um Welle, gleichsam vom Start- bis zum Zielhafen ihrer eigenen Lebensfahrt auf dem Meer der Welt.

Und schließlich: *Nalu*, der Titel des zitierten Gedichts, steht im Hawaiianischen nicht nur für »Welle«, sondern auch für »surfen«, »mit einer Welle ans Ufer gleiten« – einem äußeren, aber auch einem inneren Ziel entgegen, denn mit *nalu* pflegen die Hawaiianer auch den »Weg zu sich selbst« zu bezeichnen.

V. VON TÜRKIS BIS TIEFBLAU

Das Meer der Maler

Je tiefer das Blau wird,
desto mehr ruft es den Menschen in das Unendliche,
weckt in ihm die Sehnsucht nach Reinem
und schließlich Übersinnlichem.

Wassily Kandinsky

»Ach, wie schwoll mein Herz. Und diese Einsamkeit. Wenn ich der Kaiser der Erde wäre, würde ich als mein höchstes Recht mir ausbitten, einen Monat im Jahr allein zu sein am Strand.«[109], schreibt der expressionistische Maler Max Beckmann am 16. März 1915 an seine Frau Minna Beckmann-Tube und bringt damit zum Ausdruck, was viele seiner Kolleginnen und Kollegen bis heute mit ihm teilen: die Liebe zum Meer als einem künstlerisch besonders reizvollen und aufgrund seiner ständigen Bewegung, seines changierenden Farb- und Lichtspieles, seiner mannigfach glitzernden Spiegelungen ebenso herausfordernden Motiv. Beckmann sah die See als eine in »weiß glänzende Spitzen mit grüner Seide gekleidete« Frau. Im Gegensatz zu George Grosz, desgleichen ein ausgesprochener Meerestyp, der für diese Dame allerdings etwas deftigere Worte finden sollte: »Das Meer ist ja, hols der Deibel, immer schön«. Dabei ist diese Künstlerliebe aus kunsthistorischer Perspektive betrachtet noch eine recht junge, frische. Denn als selbstständige Kunstgattung, nämlich als Marine- beziehungsweise Seemalerei und damit als eine Sondergattung der Landschaftsmalerei, bildete sie sich erst im 17. Jahrhundert in den Niederlanden – im *Gouden Eeuw*, dem Goldenen Zeitalter – richtig aus.

Zuvor diente das Meer den Malern lediglich als eine Art Staffage für mythologische oder religiöse Themen: vom Sturz des Ikarus und den Abenteuern des Odysseus bis hin zur Arche Noahs und Jesus auf dem See Genezareth. Doch auch die Meisterwerke eines Hendrick Cornelisz Vroom, Jan Porcellis, Simon de Vlieger, Abraham Storck, Jan van Goyen oder Adrian und Willem van de Velde stellen das Meer in ihrer säkularen Malerei nie allein und

Das Meer der Maler

vor allem nicht um seiner selbst willen dar: Sogar auf den Seestücken, die keine historischen Ereignisse zur See zeigen – etwa in
Gestalt von Seeschlachten, Landungen, Hafenveduten oder Flot-
tenparaden –, sind stets Wasserfahrzeuge aller Art und Größe zu
sehen: »Hier gibt es natürlich kein Seestück ohne ein sorgfältig
gezeichnetes Schiff und ohne dass der Mensch unmittelbar in das
Schauspiel einbezogen wäre. Was immer er tut, ob er das Schiff
durch den Sturm lenkt oder es in den Hafen manövriert, ob er es
wieder flott macht oder eine zeremonielle Handlung vollbringt,
er steht – oft implizit – im Mittelpunkt des Bildes. Und nie gibt
er freiwillig auf. Diese Marinemalerei, die auf die Gewalt der
Gefühle setzt, macht das unermesslich weite Meer zu ihrer Büh-
ne.«[110], hält der französische Kulturhistoriker Alain Corbin in
seinem Buch *Meereslust. Das Abendland und die Entdeckung
der Küste* von 1988 über die niederländische Marinemalerei fest.

Von der Tradition rein dokumentarischer Darstellung – viele
Marinemaler fungierten oftmals im Sinne besserer »Kriegsbe-
richterstatter« – sollte man erst Anfang des 19. Jahrhunderts abkommen. Als ein Vorreiter der Darstellung der »leeren See« gilt
der in Greifswald an der Ostsee geborene Caspar David Friedrich (1774 - 1840) mit seinem Gemälde *Der Mönch am Meer*
aus den Jahren 1808/10, das heute in der Berliner Nationalgalerie
zu bewundern ist. Ein ungeheuer modern wirkendes Bild – »das
pathetischste aller Küstenbilder«[111] (Alain Corbin) –, in dem der
Romantiker Friedrich mit fast allen bis dahin gültigen Regeln der
Landschaftsmalerei bricht.

Die Bildgestalt hat keine perspektivische Tiefe mehr. Die ver-
schwindend kleine Gestalt des Mönches auf dem schmalen weiß-
lichen Dünenufer im Vordergrund ist die einzige Vertikale im
Bild. Die wie mit dem Lineal gezogene Horizontlinie liegt ex-
trem tief. Dazwischen der schmale dunkle Wasserstreifen, der
vom Meer eigentlich nichts zeigt, da die Bildfläche zu Fünfsechs-
teln aus einem grau bewölkten Himmel besteht. Der Dramatiker

Heinrich von Kleist (1777 - 1811), der zu Friedrichs Freundeskreis gehörte, hatte beim Betrachten dieses Bildes den Eindruck, »als wenn einem die Augenlider weggeschnitten wären«[112]. Und tatsächlich: Angesichts der fast leeren, nahezu abstrakten, dreigeteilten Bildfläche – Strand, Meer und Himmel –, an die der lettisch-amerikanische Maler des Abstrakten Expressionismus Mark Rothko (1903 - 1970) mit seiner Farbfeldmalerei anknüpfen sollte, findet der Blick nirgends einen Halt, lenkt nichts von der unendlichen Einsamkeit ab.

»Der Betrachter ... wird hier mit einer Direktheit konfrontiert«, schreibt der Kunsthistoriker Jens Christian Jensen in seiner Friedrich-Monographie, »die fast als brutal empfunden werden kann. Diese Direktheit fordert dem Betrachter eine Stellungnahme ab, sie weist auf den symbolischen Gehalt. Dieser wäre so zu umschreiben: Der Mönch sinnt im Gefühl seiner Kleinheit über die Gewalt des Universums nach ... Die Frage nach dem Sinn des Lebens ist hier gestellt. Welches Gewicht hat das Sein, umgeben von der Übermacht der Unendlichkeit, welchen Sinn die Lebenszeit des Menschen angesichts der Zeitlosigkeit des Universums? Auf das Jenseitige ... richtet der Mönch seine Sehnsucht, seine Gedanken. Die Gebärde, mit der er den Kopf in die Hände stützt, deutet auf Versunkenheit und Demut, sicherlich nicht auf Trauer. Denn dieses Bild ist zugleich Bekenntnis zum Göttlichen der Natur.«[113]

Auf alles »unnötige Beiwerk« sollte spätestens sei den 1830er-Jahren auch ein anderes Malergenie der Romantik in seinen Seestücken verzichten: der Engländer Joseph Mallord William Turner (1775 - 1851), der Maler der Elemente, des Atmosphärisch-Emotionalen, dessen Werk – rund 300 Ölgemälde und nahezu 20.000 Zeichnungen und Aquarelle – zu einem Drittel aus Meerlandschaften besteht. Von seinen Landsleuten John Roberts Cozens (1752 - 1797) und Richard Wilson (1713 - 1782), später von den Franzosen Claude Lorrain (1600 - 1682) und Nicolas Poussin (1594 - 1665) sowie verschiedenen venezianischen Meistern inspiriert, entwickelte Turner auf seinen zahlreichen Reisen, unter anderem an die Küsten Englands und Italiens, nicht nur seine eigene Maltechnik, sondern auch seinen eigenen Malstil, die ihn zum Vorläufer des Impressionismus machen sollten.

Mit freiem, subtilem Pinselstrich, aber auch mit einer besonderen Tupftechnik und einem nuancenreichen Kolorit versuchte Turner fortan vor allem die mannigfachen Licht- und Farbphänomene und die mit ihnen verbundenen Stimmungen des Meeres einzufangen. All dies mit der Folge, dass das Gegenständliche mit seinen Konturen und Kontrasten immer mehr zugunsten des optischen Gesamteindrucks, zuweilen eines Abstrakt-Visionären zurücktrat: »In seinen letzten Landschaftsbildern ist die gegenständliche Lesart immer weniger eindeutig, sie wirken unabgeschlossen und skizzenhaft.«[114], resümiert die Kunsthistorikerin Nicola Carola Heuwinkel in ihren Buch *Entgrenzte Malerei* von 2010 und erkennt in Turner zu Recht die »Schlüsselfigur für den Übergang der Malerei zur historischen Moderne«[115].

Sehen wir uns eines der bekanntesten Seestücke der späten Periode Turners einmal genauer an: Das Ölgemälde *Schneesturm auf dem Meer* aus dem Jahre 1842, das sich in der Londoner Tate Gallery befindet, stellt ein in Seenot geratenes Schiff in Hafennähe dar. Um andere Schiffe vor einer Havarie zu warnen, schießt die Besatzung Leuchtmunition in den Himmel ab. In deren grellem Licht sind zumindest die Umrisse des tiefe Schlagschatten werfenden Schiffes schemenhaft in der Bildmitte zu erahnen. Denn beherrscht wird das Ganze von einem wirbelnden, windgepeitschten Chaos aus Gischt, Schnee und Rauch.

Es heißt, ein tatsächlicher Vorfall habe Turner den Anlass zu diesem dramatischen Bild gegeben. Da dieser jedoch nicht im Entferntesten zu identifizieren ist – der Künstler hätte uns ansonsten zumindest einen kleinen Hinweis gegeben –, haben wir es bei diesem Sujet gleichsam mit der (platonischen) Idee des

Kampfes zwischen dem Menschen mit all seinen unzulänglichen technischen Hilfsmitteln und den gewaltigen Elementarkräften der Natur zu tun. Diesen führt uns Turner wie kein anderer mit Hilfe atmosphärischer Effekte auf eine packende Art und Weise vor Augen.

Trotzdem musste sich Turner insbesondere bei seinem Schneesturm von Kritikern den Vorwurf gefallen lassen, lediglich eine Masse aus »Seifenlauge und Kalk«[116] geschaffen zu haben, was John Ruskin (1819 - 1900), Englands größten Kunstkritiker im 19. Jahrhundert, intervenieren ließ: In seinem Band *Modern Painters* verteidigte dieser Turners Malerei als den einzig möglichen Weg, die Stärke und Kraft der Naturelemente darzustellen.

Verweilen wir noch ein wenig bei der Darstellung des stürmisch bewegten Meeres und nehmen wir das weltweit wohl bekannteste japanische Kunstwerk in Augenschein: Katsushika Hokusais (1760 - 1849) Farbholzschnitt *Die Woge bei Kanagawa* aus seiner Bildserie *36 Ansichten des Berges Fuji*, die Mitte der 1830er-Jahren und damit in unmittelbarer zeitlicher Nähe zu Turners *Schneesturm auf dem Meer* entstand. Obgleich auch dieses zweite, in Weiß-, Blau- und Beigetönen gehaltene Blatt des Zyklus' eine Ansicht des schneebedeckten, vom Künstler im rechten Bildhintergrund platzierten Berges Fujijama bietet, wird der Farbholzschnitt von einer großen und mehreren kleinen Wellen dominiert, zwischen denen Menschen in zerbrechlich wirkenden Boten um ihr Leben fürchten. Die Form der großen überschwappenden Woge, die die ganze linke Bildhälfte ausfüllt und mit dem Himmel das Yin-Yang-Symbol bildet, erinnert dabei an Riesenhände beziehungsweise Krallennägel, die im Begriff sind zuzupacken, die Bootsinsassen zu zerfleischen.

Das Erstaunliche an dieser Sturmdarstellung ist – selbstredend neben der meisterhaften künstlerischen Umsetzung und auch Schönheit, die von ihr ausgeht – die Tatsache, dass die Menschen sogar angesichts ihrer dramatischen, lebensbedrohlichen Lage nicht in Panik geraten, sondern ruhig und gelassen bleiben, sich ihrem Schicksal still fügen – was in Wirklichkeit denn auch ihre einzige Chance ist. Eine weise, philosophische Haltung, möchte man meinen. Und tatsächlich: Mit seiner *Großen Woge* spielt Hokusai auf das altehrwürdige chinesische Weisheits- und Orakelbuch *I Ging* (Das Buch der Wandlungen) an. Genauer gesagt auf das 39. Zeichen, das den Titel *Giën / Das Hemmnis* trägt und das, wie die anderen insgesamt 64 Zeichen des I Ging, aus zwei Trigrammen gebildet wird: oben *Kan* (= das Abgründige, das Wasser) und unten *Gen* (= das Stillehalten, der Berg), denn auch auf Hokusais Bild überragt die Woge, zumindest scheinbar, bedingt durch die vom Künstler gewählte Perspektive, den Berg: »Das Zeichen stellt einen gefährlichen Abgrund dar, der vor einem liegt; hinter sich hat man den steilen, unzugänglichen Berg. So ist man von Hemmnissen umgeben. Aber in der Eigenschaft des Berges, stillezuhalten, liegt auch gleichzeitig ein Fingerzeig, wie man aus den Hemmnissen herauskommen kann. Das Zeichen stellt Hemmnisse dar, die im Lauf der Zeit sich einstellen, die aber überwunden werden können und sollen. Daher ist die ganze Auskunft darauf gerichtet, die Hemmnisse zu überwinden.«[117], lesen wir in Richard Wilhelms (1873 - 1930) klassischer I-Ging-Übersetzung. Hokusais weltberühmte Meer-Ikone – die die Künstler des Impressionismus, aber auch Vincent van Gogh, Paul Gauguin, Egon Schiele und Gustav Klimt inspirieren sollte –, lädt dergestalt zugleich zur Meditation ein: nicht nur über das Verhältnis Mensch-Natur im Allgemeinen, sondern auch über unseren persönlichen Umgang mit den Fährnissen und Krisen des Lebens.

Wenden wir uns nun vom »Reich der aufgehenden Sonne«, wie Japan von den Europäern seit dem Mittelalter genannt wird, einer weiteren Meer-Ikone zu, die – welch ein Zufall und willkommener Übergang! – mit den gleichen Worten bezeichnet wird und zum Namensgeber einer ganzen Stilrichtung werden sollte: dem Ölbild *Impression soleil levant* aus dem Jahre 1872 von Claude Monet (1840 - 1926). Der »Vater des Impressionismus«, der aufgrund seiner Liebe zum »flüssigen« Aspekt der Welt und seiner mannigfachen maritimen Motive auch als »Raffael des Wassers« tituliert wurde, schuf das Bild während eines Aufenthaltes in Le Havre von einem hoch liegenden Hotelfester aus.

Zu sehen ist der Hafen von Le Havre am Morgen: im linken Vorder- und Mittelgrund des Bildes drei kleine diagonal angeordnete und damit Raumtiefe suggerierende Fischerboote, im Hintergrund im Nebel verschwindende Schiffe und Industrieanlagen sowie am rechten Bildrand eine orangefarbene Sonnenscheibe, deren kräftiges Licht sich auf dem Wasser widerspiegelt und mit den dominanten Violett- und Blautönen von Meer und Himmel kontrastiert. All dies mit leichten, kurzen Pinselstrichen nur schemenhaft angedeutet, man könnte auch sagen: hingehaucht. Ging es dem Künstler, wie seinen Freilichtmalerkollegen, doch zuvörderst um die unverfälschte Wiedergabe eines flüchtigen atmosphärischen Seh-Eindruckes, in diesem Fall vor allem um die Zauberspiele des Wassers, und zwar in all seinen Manifestationen, das heißt eben auch als Nebel, Dunst und Dampf.

»Doch nicht nur das Wasser in seinen Erscheinungsformen, sondern auch das, was man metaphorisches Wasser nennen könnte, faszinierte Monet«, bemerkt Yvon Taillandier: »Blätter sah er als kleine Wellen, die in der Luft spielen ... Unter Monets Pinsel wurde die Erde zu etwas Wasserhaftem. Die Gräser der Felder erhielten bei ihm oft ein maritimes Aussehen, die Bäume wirken wie Masten ... Das Spektakulärste Resultat der verflüssigenden Technik Monets ist zweifellos sein ›Verwässern‹ von Bauwerken (vgl. den Bildzyklus der Kathedrale von Rouen, A.d.V.).«[118] Ein Grund für diese »Wasserhaftigkeit« von Monets Gemälden dürfte sicher in der Biografie des Künstlers liegen. Denn Monet wurde zwar in Paris geboren, verbrachte aber seine Kindheit und Jugend in Le Havre, am Meer.»Monet suchte das Wasser überall. War das Meer nicht in der Nähe, dann ging er an einen Fluss oder einen Bach. Oder er suchte Kanäle.«[119], schreibt Yvon Taillendier. Über das Meer sagte der Maler einmal:»Ich möchte immer vor ihm oder auf seinen Fluten sein. Und wenn ich sterbe, möchte ich in einer Boje begraben werden.«[120] Vielleicht wollte Monet mit seinen verwässernden Bildern aber auch zum Ausdruck bringen, was die Mystikerinnen und Mystiker dieser Welt seit jeher erfahren haben: dass alles miteinander verbunden, nichts wirklich isoliert ist und sich unablässig wandelt.

Doch zurück zu Monets *Impression soleil levant*: Zur Titelfindung seines Bildes erklärte Monet später:»Ich sollte einen Titel für den Katalog angeben; da ich das Bild nicht gut ›Ansicht von Le Havre‹ nennen konnte, sagte ich: ›Schreiben Sie Impression!‹«[121] Aber gerade diese Skizzenhaftigkeit, diese Spontaneität des Ausdrucks wurden ihm angekreidet. So schrieb der Kunstkritiker Louis Leroy 1874 nach der ersten Gruppenausstellung der jungen Künstler:»Eine Tapete im Urzustand ist ausgearbeiteter als dieses Seestück.«, und bezeichnete in Anlehnung an dieses Bild die erste Gruppenausstellung der *Sociéte Anonyme Coopérative d'Artistes-Peintres, -Sculpteurs, -Graveurs etc.* »Ausstellung der Impressionisten«, womit er der ganzen Stilrichtung ihren prägenden Namen gab.

Auch im 20. Jahrhundert blieb das Meer für viele Künstler/innen zentrales Sujet ihres Schaffens. Inhaltlich nicht weit von Caspar David Friedrich entfernt sind beispielsweise die um 1910/11 gemalten – vor allem für ihre ausdrucksstarke Farbwahl berühmten – zwanzig *Herbstmeere* des Norddeutschen Emil Nolde (1867 - 1956), der als einer der führenden Maler des Expressionismus und zugleich großen Aquarellisten seines Jahrhunderts gelten kann.

Auf der Ostsee-Insel Alsen baute sich Nolde am Strand eine Bretterbude, die sein Atelier wurde:»Durchs Fenster schweiften frei die Augen über das Meer hinweg, und nichts war zu sehen, als nur Wasser und Wolken und an hellen Tagen drüben der schmale Landstreifen der dänischen Inseln.«[122], erinnert sich der Maler. Hier begann Nolde die Serie der Herbstmeere zu malen. Nahezu alle Bilder bewegen sich an der Grenze der Abstraktion. Ohne Kenntnis des Titels wären zumindest einige Fassungen der Herbstmeere wohl nur schwer einzuordnen. Dass es sich um Seestücke handelt, deuten Wellenkämme, Wolkenformationen und Küsten- beziehungsweise Horizontlinien lediglich an. Was dominiert, sind die mit kraftvoll-dynamischem Pinselduktus in grell leuchtenden Farben gemalten Wasser- und Luftschichten, die neben einer oftmals dramatischen Sturmstimmung auch ein Gefühl von Erhabenheit und Naturverehrung vermitteln. Noldes Herbstmeere bilden ein Naturschauspiel mithin nicht mehr bloß im Sinne einer Impression, eines Seh-Eindrucks, an, sondern verweisen über sich hinaus auf etwas Unfassbares, Unsichtbares.

Gänzlich »Unsichtbares«, dem menschlichen Sehsinn eigentlich Entzogenes brachte – wenngleich mit völlig anderen Stilmitteln – Max Ernst (1891 - 1976) in seinem 1951 gemaltem Ölbild mit dem Titel *Humboldt Current* zum Ausdruck. Der deutsche, von den Nazis als entartet eingestufte und in die USA geflohene Dadaist und Surrealist widmete sein Bild einer kalten Meeresströmung an der Westküste Südamerikas, benannt nach dem Naturforscher Alexander von Humboldt (1769 - 1859).

Der Humboldt-Strom fließt von der Antarktis parallel zu den Anden nach Norden, wobei das antarktische Ursprungsgewässer dazu führt, dass die durchschnittliche Wassertemperatur an der Westküste Südamerikas um sieben bis acht Grad Celsius niedriger liegt als die Temperatur im freien Ozean auf gleicher geografischer Breite. Das kalte Meerwasser kühlt auch die Luft ab, so dass sich im Küstenbereich des Humboldtstromes niederschlagsarme Wüstengebiete wie die Atacamawüste in Chile finden. Wir haben es bei diesem Phänomen folglich mit etwas Unsichtbarem

Das Meer der Maler

zu tun, das man nur körperlich fühlen oder mit dem Thermometer messen kann: Wasser in Wasser.

Auf Max Ernsts Bild glänzt diese gewaltige Strömung jedoch in Gestalt einer sich sanft schlängelnden fahlweißen (Sinus-)Linie im nächtlichen, in Blau- und Violetttönen gehaltenen Meer, das rund zwei Drittel des Bildes ausmacht. Darüber erstreckt sich ein dunkelbrauner bis tiefschwarzer Himmel mit einem am Horizont untergehenden Vollmond, der durch seine Farbgebung mit der Weiblich-Erotisches heraufbeschwörenden Meeresströmung in Dialog tritt. Hinzu kommen weitere Bildstrukturmerkmale: Der Künstler hat die Leinwand über einer Holzplatte bearbeitet und deren Maserungen zum Teil der Komposition werden lassen, so dass die Natur gleichsam selbst zur Mitarbeiterin am Kunstwerk wurde.

Rein äußerlich betrachtet, stellt sich Max Ernsts *Humboldt-Strom* als Reminiszenz an die Epoche der Romantik mit ihren verträumten, sehnsüchtigen Seestücken dar, wären da nicht besagte surrealistische Elemente: allen voran die Darstellung des eigentlich Nichtdarstellbaren. All dies aber mit einer durchaus geistesverwandten Magie und Poetik, erkannten die Surrealisten in den Romantikern und ihren Werken doch bedeutende Inspirationsquellen ihrer eigenen Kunst.

1951, im Entstehungsjahr von Max Ernsts *Humboldt-Strom*, malte Edward Hopper (1882 - 1967), ein Vertreter des Amerikanischen Realismus, ein nicht minder magisches, surreal wirkendes Werk, das Meer- und Interieurbild in einem ist. Es trägt den Titel *Rooms by the sea,* Zimmer am Meer, und ist eines seiner ungewöhnlichsten, geheimnisvollsten Bilder. Inspiriert wurde der Künstler dabei vom Blick durch die Tür seines Ateliers in Cape Cod, der großen Halbinsel im Südosten von Massachusetts. Von dort aus sieht man über den Dünenrand auf die weite Bucht hinaus. Nicht so in Hoppers Bild: Dargestellt sind hier nämlich zwei lichtdurchflutete Innenräume – ein vorderer gänzlich leerer und ein hinterer spärlich möblierter Raum – sowie eine nach rechts geöffnete Tür, die den Blick nach draußen freigibt, wo man aber nur Meer und Himmel sieht. Dergestalt gewinnt man den Eindruck, als führe die Tür, wie in einem Traumbild mit seiner eigenen Logik, direkt ins Meer, als könne man unmittelbar ins Meer gehen. Ein dermaßen ungewohnter, überraschender Ausblick, dass es einem regelrecht den Atem verschlägt. Wie in vielen Bildern des Surrealisten René Magritte (1898 - 1967) »erfährt das Wahrnehmungsbewusstsein des Betrachters in dem Maße eine Desorientierung, wie es das Abgebildete ernst nimmt«[123], merkt der Freiburger Germanist Rolf G. Renner in seiner Hopper-Monographie mit dem Untertitel *Transformation des Realen* (1990) zu diesem Bild des Amerikaners an.

»Mehrere irritierende Momente sind damit in das Bild eingebaut«, stellt wiederum Ivo Kranzfelder in seiner großen Hopper-Werkschau fest, »einmal der Gegensatz zwischen Innen- und Außenraum und auch zwischen den beiden Innenräumen selbst; zum anderen die unklare Position der Lichtquelle und die eigentümliche Form der Lichteinstrahlung; zum dritten schließlich die völlig aus den Fugen geratene Perspektive, die zur Unsicherheit des Betrachters bezüglich seines Standpunktes führt ... Der Durchblick in der linken Bildhälfte erschließt Bewohntsein, eine potentielle Anwesenheit von Menschen, der Ausblick rechts erfasst menschenleere Natur ... Das Meer, das bis vor beziehungsweise unter die Haustüre heranrückt, wird zum Symbol.«[124]

Doch für was steht das Meer konkret in Hoppers Bild? Für das Unbewusste und seine unauslotbaren (Seelen-)Tiefen? Kranzfelder meint darin jenes »ozeanische Gefühl« der Allverbundenheit wiederzuerkennen, das Romain Rolland (1866 - 1944) als die Quelle des Religiösen, Sigmund Freud (1856 - 1939) hingegen lediglich als einen infantilen Regressionswunsch bestimmte (vgl. dazu unsere Ausführungen im Kapitel über *Das Meer der Psychologen*). Letzten Endes gibt Hoppers Bild sein Geheimnis jedoch nicht preis und lässt sich schon gar nicht »verwörtern«. Der Maler selbst hat auf diese Interpretationsschwierigkeiten seiner Bilder hingewiesen, als er zu bedenken gab: »So vieles in der Kunst ist Ausdruck des Unterbewussten, dass es mir so vorkommt, als würden fast alle bedeutenden Qualitäten unbewusst entstehen und nur wenig Bedeutsames durch den bewussten Intellekt geschaffen. Aber das sind Probleme, die die Psychologen entwirren sollen.«[125]

Werfen wir zum Abschluss dieses Kapitels über *Das Meer der Maler* noch einen Blick auf die Werke eines der erfolgreichsten – und teuersten – bildenden Künstler der Gegenwart, der von der britischen Tageszeiten *The Guardian 2004* als »Picasso des 21. Jahrhunderts« bezeichnet wurde: Auf den 1932 in Dresden geborenen Maler, Bildhauer und Fotografen Gerhard Richter und seine ganz in der Tradition der Romantik stehenden Serie von Seestücken aus den späten 60er-Jahren beziehungsweise aus dem Jahre 1998, als Richter diese Thematik noch einmal aufgriff, die Maße der Bilder jedoch auf stattliche 290 x 290 Zentimeter steigerte und ihnen dadurch zusätzlich etwas Heroisches, zuweilen Düsteres verlieh. Was zeichnet Richters Seestücke im Einzelnen aus?

Wie die Anfang des 19. Jahrhunderts gemalten Marinebilder sind Richters Seestücke von allen narrativen Details wie Schiffen und Figuren befreit und folgen durchweg einem bestimmten Aufbauschema, wie Armin Zweite in seinem Richter-Essay *Sehen, Reflektieren, Erscheinen* aus dem Jahre 2005 zusammenfasst: »Über der ruhigen oder bewegten, manchmal auch stürmischen See mit Schaumkronen und Brechern, türmt sich, oft mehr als drei Viertel der Bildfläche einnehmend, ein Himmel, der bedeckt ist, aufreißende Wolkenformationen mit dramatischen Helligkeitsunterschieden zeigt oder sogar ein bedrohlich heraufziehendes Gewitter ahnen lässt. Vor allem an den Lichtreflexen auf dem Wasser und der Tönung von Dünung, Brandung und der Weite der See wird freilich schnell deutlich, dass wir es mit Kompositlandschaften zu tun haben, dass Wasser und Luft oft nicht zusammen stimmen und auf verschiedene Wetterlagen oder Sonnenstände zu beziehen sind. (...) Richter hat ganz offensichtlich entsprechende Fotos an der Horizontlinie zerschnitten und dann neu zusammengesetzt. Die so entstandene Collage konnte dann als Vorlage für die Gemälde dienen.«[126]

Ein synthetisches Vorgehen, dessen sich mehr als hundert Jahre vor Richter im Übrigen schon Gustave Le Gray (1820 - 1884), ein Pionier der künstlerischen Fotografie und Erfinder des so genannten nassen Kollodiumverfahrens, bei der Anfertigung einer Reihe von Meeresbildern bediente, die in der Normandie und an der französischen Mittelmeerküste entstanden sind. Denn für viele seiner poetischen, zum Teil auch dramatischen, in Grau- und Brauntönen gehaltenen Meeresbilder, die vor allem durch die Wiedergabe der Reflektionen des Mond- oder Sonnenlichtes auf der Oberfläche des bewegten Wassers bestechen, arbeitete er dabei mit zwei Negativen, durch deren Überlagerung er das Bild auf dem Papier komponierte. In den meisten Fällen gab eines der beiden Negative die Wolken, das andere das Meer wieder. Beide wurden dann von Le Gray, der heute als »Ikone der technischen Bemeisterung der Meere«[127] gilt, erst im Labor zusammengesetzt. Ein Umstand, der von seinen Zeitgenossen allerdings unkommentiert blieb und vielleicht sogar übersehen wurde.

Richters bildnerisches Verfahren – die Verwendung von Fotografiefragmenten als Vorlage für die überwiegend in Grau-Weiß gehaltenen Gemälde, die sich bei allem Fotorealismus durch eine verwischt wirkende Unschärfe kennzeichnen – zeitigt dergestalt verblüffende Verfremdungseffekte. Wir haben es mit Gemälden zu tun, die in ihrer Perfektion zwar abbilden, das Typische aber zugleich verfremdet darstellen, was Dietmar Elger, Richters Biograf, dazu veranlasste sie als »Anschauungsmaterial einer verlorenen Wahrheit« zu bezeichnen.

»Die dargestellte Wirklichkeit mutet uns in den Bildern dieses Malers«, so Armin Zweite in seinem Richter-Essay weiter, »vertraut an und löst Befremden aus. Und das geschieht nicht abrupt, sondern in unterschiedlichen Dosierungen. So wirken manche Beispiele der Folge zunächst durchaus natürlich, bei anderen macht sich ein Befremden breit, bis das Artifizielle unübersehbar wird und schließlich in Effekte mündet, deren Konstruktion das Unglaubwürdige unmittelbar evident macht. ... Allgemein wird man angesichts dieser Meerlandschaften festhalten können, dass sich das Wahrgenommene gleichsam unserer Erkenntnis entzieht, insofern es nicht primär als Abbild von Wirklichkeit zu verstehen ist, sondern in erster Linie als Bild von autonomem Status. Was einem vertraut vorkommt, ja geradezu selbstverständlich anmutet, erweist sich bei genauerer Betrachtung als mehrdeutig, ja gelegentlich als abgründig.«[128]

Gerhard Richter selbst fasste seine Bildästhetik einmal mit folgenden Worten zusammen: »Schein ist mein Lebensthema. Alles, was ist, scheint und ist für uns sichtbar, weil wir den Schein, den es reflektiert, wahrnehmen, nichts anderes ist sichtbar. Die Malerei beschäftigt sich wie keine andere Kunstart ausschließlich mit dem Schein. Ich misstraue nicht der Realität, von der ich ja so gut wie gar nichts weiß, sondern dem Bild von Realität, das uns unsere Sinne vermitteln und das unvollkommen ist.«[129]

Mit einer Liebeserklärung an das Meer haben wir unsere Reise in die Welt der Malerei begonnen, mit einer ebensolchen wollen wir sie auch beschließen. Von Andy Warhol (1927 - 1987) ist überliefert, dass er den Blick auf das Meer besonders liebte und dabei die Natur über alle Kunst stellte: »Wenn ich am Strand bin, kann ich mich gar nicht satt sehen. Der Strand sieht schön aus, und es sieht so schön aus, wenn er vom Wasser überspült wird und ganz glatt wird, und die Bäume und das Gras, alles sieht so herrlich aus. Ich glaube, ein Stück Land, das man nicht kaputtmacht, wäre das allerschönste Kunstwerk, das man je besitzen könnte.«[130] Angesichts der ökologischen, gerade das Meer und seine Ufer betreffenden Katastrophen in den letzten drei Jahrzehnten ein ebenso visionäres wie brisantes Statement des führenden Vertreters der Popart.

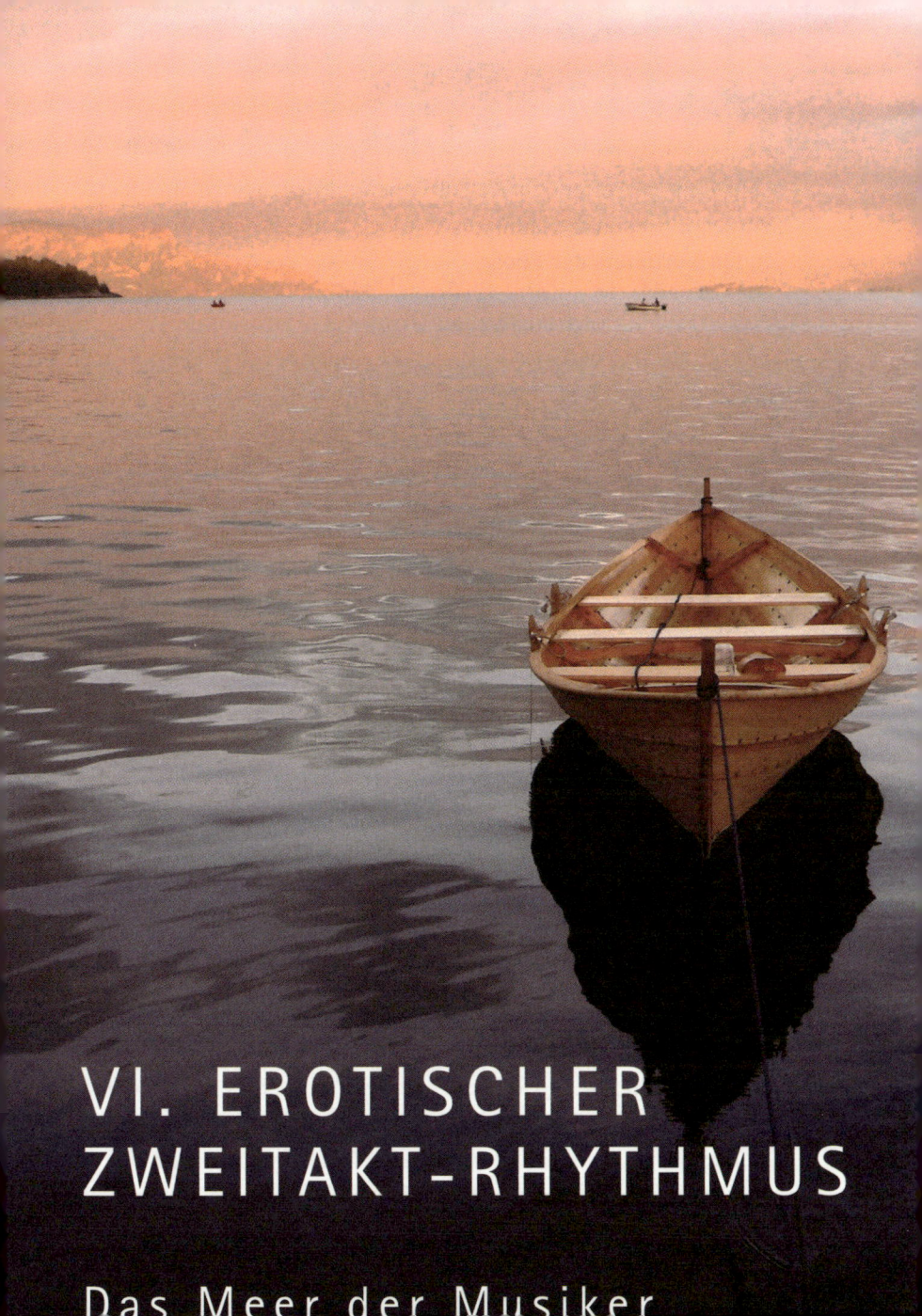

VI. EROTISCHER
ZWEITAKT-RHYTHMUS

Das Meer der Musiker

Und durch ein Liebeslied hat das Meer
mein Herz ins Leben gewiegt.
Charles Trenet

»Im Anfang war der Rhythmus.«[131] Dieses berühmte Bonmot des
deutschen Klaviervirtuosen und Dirigenten Hans Guido Freiherr
von Bülow (1830-1894), des ersten Ehemannes von Cosima Wag-
ner, bezieht sich ausdrücklich nicht nur auf die Welt der Musik.
Es schließt desgleichen die Rhythmen der Natur ein: den Wechsel von Tag und Nacht, den Mondzyklus mit seinen Phasen, den
Wandel der Jahreszeiten und damit wohl auch jenen Pulsschlag,
jenen gewaltigen *Beat* des Meeres ein, der sich in den Gezeiten,
in Ebbe und Flut, vor allem aber im deutlich vernehmbaren re-
gelmäßigen Wellenschlag an den Stränden der Welt ausdrückt.
Den Etymologen zufolge, leitet sich das griechische Substantiv
rhythmós, das eigentlich »das Fließen, das Strömen« bedeutet,
sogar »aus dem Bild von dem stetigen und gleichförmigen Auf
und Ab der Meereswellen«[132] ab!

Schon seit Urzeiten, lange vor der Entstehung des Lebens, dem
ersten Schlagen eines Herzens, dem Ein- und Ausatmen eines
Organismus', brechen sich die Wellen des Meeres rhythmisch,
wenngleich monologisch, an den einsamen Küsten der Erde –
»Meere, Eros der Ferne, rauschen, es rauscht die Nacht«[133], dichtete Gottfried Benn – und rechtfertigen dergestalt einmal mehr
die Rede vom Meer als der »ursprünglichen Matrix«. Der Philosoph Eugen Dühring (1833 - 1921), ein gemäßigter Materia-
list, der zumindest den Begriff der Kraft und eines spezifischen
Lebensprinzips bejahte, meinte: »Das Dasein ist sogar in seinen
letzten unorganischen, ja rein mechanischen Regungen in einem
weiteren Sinne des Wortes rhythmisch.«[134] Jules Michelet macht
uns in seinem 1861 erschienenen Klassiker über *Das Meer* aber
darauf aufmerksam, dass »ein großer, sehr großer Unterschied
zwischen den beiden Elementen« besteht, denn: »Die Erde ist
stumm und der Ozean spricht. Der Ozean ist eine Stimme ... Pa-

thetisch spricht er zur Erde und zum Ufer und hält Zwiesprache mit ihrem Echo ...«[135] Was will er uns mitzuteilen?

Auf den Menschen wirkt dieser zweitaktige Rhythmus der Brandung an einem Meerstrand, dieses monotone Hin und Her, Vor und Zurück in der Regel beruhigend. Thomas Mann schrieb 1901 in seinem *Buddenbrooks*-Roman über die Wellen:»Wie sie daherkommen und zerschellen, daherkommen und zerschellen, eine nach der anderen, endlos, zwecklos, öde und irr. Und doch wirkt es beruhigend und tröstlich, wie das Einfache und Notwendige. Mehr und mehr habe ich die See lieben gelernt.«[136]

Eine eindrucksvolle poetisch-lautmalerische Annäherung an den rhythmischen Wellenschlag, in dem Eva Tenzer»eine Form der Minimal Music«[137] zu erkennen glaubt, unternimmt der US-amerikanische Schriftsteller und einer der wichtigsten Vertreter der Beat-Generation Jack Kerouac (1922 - 1969) in dem Langgedicht *Sea. Sounds of the Pacific Ocean at Big Sur* am Ende seines Buches *Big Sur* aus dem Jahre 1962. Wie bereits in seinem berühmten Tramp-Roman *On the Road* (Unterwegs), erinnert die Stilistik des *King of Beats* dabei auch an die Improvisationen der Jazzmusik, namentlich, wenn man es laut liest:

-- Ah back -- Ah forth --
Ah shish -- Boom, away,
doom, a day -- Vein we
firm -- The sea is We --
Parle, parle, boom the
earth -- Arree -- Shaw,
Sho, Shoosh, flut
ravad, tapavada pow,
coof, loof, roof, --
No, no, no, no no no --
Oh ya, ya, ya, yo, yair --
Shhh --[138]

Zuweilen kann vom Wellenschlag sogar eine narkotisierende, ja hypnotisierende Wirkung ausgehen: »Die Eintönigkeit rauschenden Wassers vermag uns in eine Art Dämmerzustand einzuwiegen, man kann dieses Hindösen am Seestrande ... schon zu den ›Hypnoiden‹ rechnen, es geht bis zu einer Art (leichtester) Lähmung der aktiven Spannungsfunktionen von Leib und Seele.«[139], bemerkt Willy Hellpach in seinem 1911 publizierten Buch *Geopsyche*, das sich mit dem Einfluss von Wetter und Klima, Boden und Landschaft auf die Seele des Menschen beschäftigt, und schildert damit eine Erfahrung, die jeder Strandurlauber schon einmal gemacht haben dürfte.

Mittlerweile machen sich auch Ärzte, (Hypno-)Therapeuten und Pädagogen die entspannende, Schmerz reduzierende und sogar Glücksgefühle generierende Wirkung von Wellengeräuschen zunutze, indem sie ihren Klientinnen und Klienten entsprechende CDs vorspielen: zur Geburtshilfe ebenso wie zur Sterbehilfe. Gut möglich, dass diese Wellengeräusche den Menschen unbewusst auch an seine frühere Existenz als Fötus erinnern: an die beruhigenden Geräusche des ihn umgebenden Fruchtwassers im Bauch seiner Mutter.

Es gibt jedoch auch Menschen, auf die der regelmäßige Wellenschlag des Meeres, dieser maritime »Rock 'n' roll« – der englische Ausdruck bedeutet ursprünglich ja so viel wie »Wiegen und Wälzen« und ist neben der Bezeichnung der US-amerikanischen Musikrichtung auch ein Slangausdruck und Euphemismus für den Beischlaf –, einen erregenden, durchaus erotisierenden Effekt hat. Und zwar nicht nur für »Pansexualisten«, wie man vielleicht meinen könnte.

Die französische Autorin Anaïs Nin (1903 - 1977), die auch als Tänzerin und Psychoanalytikerin gearbeitet hat, beschreibt diesen Rhythmus in ihrem erotischen Klassiker *Das Delta der Venus*, dessen Titel eine Anspielung auf die Dreiecksform der weiblichen Scham ist: »Am Strand war es kühler, beruhigender. Wir lagen im Sand, der Rhythmus der Band drang von ferne wie das Pochen eines Herzens zu uns, wie ein Schwanz, der in einer Frau pulsiert, und während die Brandung zu unseren Füßen rollte, rollten die Wellen in uns, rollten uns herum, rollten uns übereinander. Wir kamen im gleichen Augenblick, wir rollten in den Sand, es war derselbe Rhythmus wie die Jazzmusik.«[140] Der Rhythmus der Brandung, des pochenden Herzens, des pulsierenden Phallus' und der Musik sind im Moment der Ekstase nicht mehr voneinander zu unterscheiden, erreichen im Orgasmus des Paares absolute Synchronizität. Die Trennung zwischen Innen- und Außenwelt, Subjekt und Objekt wird vollkommen aufgehoben.

Auch für die 1920 geborene Französin Benoîte Groult offenbart der »geheimnisvolle Rhythmus der Wellen« in ihrem freizügigen Roman *Salz auf unserer Haut* aus dem Jahre 1988 »irgendwie Ähnlichkeit ... mit dem Rhythmus der Liebe«[141] Kurzum: Der rhythmische Wellenschlag am Strand macht Letzteren – im Verbund mit den fast hüllenlosen, von der Sonne gebräunten und erhitzten Körpern – zu einem bevorzugten Platz erotischer Fantasien. Nicht wenige Menschen (tag-)träumen gerade am Strand vom *Sex on the Beach*, und zwar nicht nur in Form des legendären Cocktails aus Cranberry-Nektar, Pfirsichlikör, Orangensaft und Wodka. Des Meeres und der Liebe Wellen ...

Zur bildnerischen Kongruenz kommen diese unter anderem in der riesigen Phallus-Skulptur, die Eckhart Grenzer 1984 am Jadebusen in der Nähe von Wilhelmshaven, im Kurort Dangast, errichtet hat: Eine Art Obelisk von gut zwei Metern Umfang und über drei Metern Höhe, der alle zwölf Stunden, also bei Hochwasser, von der See Stück um Stück umspült wird, bis nur noch die Spitze zu sehen ist. Ein »Grenzstein« – so der Künstler in ironischer Anspielung auf seinen Nachnamen –, der für ihn ein »verbindendes Glied zwischen der weiblichen See und der männlichen Erde« exakt an der Flutkante darstellt. »Selten wurde die Phantasie eines Verschmelzens von Männlichkeit und weiblicher

See eindeutiger veranschaulicht«[142], kommentiert Eva Tenzer
in ihrem Buch *Einfach schweben. Wie das Meer den Menschen
glücklich macht* von 2007 diese Plastik, die bis heute bei den
Strandbesuchern für ungläubiges Staunen, albernes Kichern,
aber auch Irritationen sorgt.

Doch das Meer verfügt nicht nur über seine eigenen Rhythmen,
es kann auch die vielfältigsten Töne erzeugen und sogar selbst
zum Komponisten werden. Und dies nicht etwa nur in Gestalt
schwermütiger Walgesänge – Joachim-Ernst Berendt spricht von
»Wal-Zertänzen« –, die diese riesigen Meersäuger zur Kommu-
nikation unter Wasser verwenden und die einige Musiker ihren
eigenen Kompositionen und Improvisationen (beispielsweise
Kate Bush in dem Song *Moving* auf ihrem Debütalbum *The Kick
Inside* von 1978)[143] zugrunde gelegt haben.[144] Die Rede ist von
der *Meeresorgel*, als deren Pendant an Land man wohl die vom
Wind gespielte und bereits seit der Antike eingesetzte Äolsharfe
betrachten kann. Als Erfinder dieser Meeresorgel, die Tag und
Nacht von der Brandung gespielt wird, gilt der Architekt Nikola
Bašić: »Meine Idee war, hier etwas völlig Neues zu schaffen.
Und ich war schon in meiner Jugend verbunden mit dem Meer
und der Musik des Windes. Ich war fasziniert von dem Gedanken, dies beides miteinander zu verbinden. Das Problem waren
zunächst die Töne, ein nicht-materialistisches Element der Ar-
chitektur, die vierte Dimension der Umwelt ... Ich habe zu Beginn gedacht, Pfeifen zu installieren, die einen nicht artikulierten
Ton erzeugen. Aber schließlich haben wir es geschafft, ein neues
Klangbild zu erzeugen. Diese Töne sind überaus entspannend
und geben den Leuten eine Art von Mystik, denn der Ton kommt
von unten, von der Tiefe des Meeres.«[145], erklärt der Kroate in
einem Interview.

Mit Hilfe von Musikern und Orgelbauern konnte Bašić im April
2005 sein Projekt im Hafen von Zadar, im Süden Kroatiens an
der Adria, realisieren. Auf einer Strecke von 70 Metern vertei-

len sich entlang der stufenförmig betonierten Uferpromenade 35 unterschiedlich lange und dicke schwarze Röhren aus Polyethylen auf sieben Sektionen, die mit der Kraft des Meeres, abhängig vom Wellengang, einen konzertanten Melodienreigen produzieren. Die Töne entweichen dabei sowohl über kleine Öffnungen nach oben in den Fußweg, als auch aus seitlichen Öffnungen in den Stufen zum Wasser. Ein mittlerweile preisgekröntes Projekt, das zum Wahrzeichen der Stadt Zadar und nicht zuletzt zu einer Touristenattraktion wurde.

Ganz in der Nähe der Meeresorgel, auf der Mole von Zadar, befindet sich zudem der ebenfalls von Nikola Bašić kreierte *Gruß an die Sonne*: eine begehbare Scheibe von 22 Metern Durchmesser, deren Solarzellen tagsüber Licht speichern und dieses dann gleichzeitig mit »dem schönsten Sonnenuntergang auf der ganzen Welt« (Alfred Hitchcock) im Rhythmus der Wellen und der Klänge der Meeresorgel als effektvolle Licht- und Farbspiele wieder an die Umgebung abgeben.

Selbstredend hat das Meer auch Musiker zu Kompositionen unterschiedlichster Formen und Gattungen angeregt.[146] Beginnen wir unseren Streifzug gleich mit einem Meisterwerk, vielleicht der musikalischen Hommage an das Meer schlechthin: *La Mer* von Achille-Claude Debussy (1861 - 1918). Der Franzose hat diese *Drei symphonischen Skizzen für Orchester* – so der lakonische Untertitel des Stücks – im Jahre 1903 begonnen. Am 15. Oktober 1905 kam es dann in Paris durch das Orchestre Lamoureux unter der Leitung von Camille Chevillard zur Uraufführung. Das Titelbild der Erstausgabe von *La Mer* wählte Debussy selbst aus: einen Ausschnitt aus Katsushika Hokusais um 1835 entstandenen Farbholzschnitt *Die Woge bei Kanagawa*, dessen vollständiges Bild an der Wand von Debussys Arbeitszimmer auf mehreren Fotos zu bewundern war. Möglicherweise orientierte sich Debussy bei seiner Komposition von *La Mer* aber auch an dem Vorläufer der Impressionisten, an William Turner (1775 - 1851), dessen Seestücke er in Paris und in der Londoner Tate Gallery kennen gelernt hatte.

Debussys *La Mer* gilt gemeinhin als ein Musterbeispiel des musikalischen Impressionismus und damit – wie Debussys Musik im Allgemeinen – auch als ein Bindglied zwischen Romantik und Moderne. Das Stück, das ungefähr dreiundzwanzig Minuten dauert, trägt folgende Satzbezeichnungen: I. *De l'aube à midi sur la mer* (Von der Morgendämmerung bis zum Mittag), II. *Jeux de vagues* (Spiel der Wellen) und III. *Dialogue du vent et de la mer* (Gespräch zwischen Wind und Meer). Allesamt Titulierungen, die an die so genannte Programmmusik denken lassen, was im Falle Debussys, wie wir gleich noch sehen werden, jedoch nicht unproblematisch ist.

Wie sehr Debussy das Meer liebte, belegen zahlreiche Briefe und Anekdoten: »Meine alte Liebe, das Meer«, schrieb der Komponist, »es ist immer unabschätzbar und schön.«[147] Als er 1889 mit Freunden an der bretonischen Nordküste eine Bootsfahrt machte, kamen sie auf offener See in einen heftigen Sturm. Doch obwohl alle – außer Debussy selbst – seekrank wurden, kümmerte ihn die kritische Lage, in die sie geraten waren, herzlich wenig. Vielmehr philosophierte er über den Sturm und erklärte: »Solch ein leidenschaftliches Gefühl habe ich noch nie erlebt, Gefahr! Sie ist nicht unangenehm. Man lebt!«[148] Im Alter von 32 Jahren resümierte Debussy: »Unsere gute Mutter, das Meer.«[149] Er verbrachte jedes Jahr seine Ferien am liebsten bei »dem unendlichen Lärm des Meeres, das uns gebieterisch ermahnt, unsere Zeit nicht zu verlieren«[150].

Durch einen Aufenthalt am Meer soll Debussy – zumindest einer Legende nach – auch zu seiner Komposition *La Mer* inspiriert worden sein, doch die Partitur wurde belegtermaßen in Burgund begonnen. So schrieb Debussy an den Dirigenten und Komponisten André Messager, der Debussys Oper *Pelléas et Mélisandes* 1902 uraufgeführt hatte: »Sie werden einwenden, dass der Ozean nicht gerade die burgundischen Hügel umspült ...! So etwas könnte wohl Atelierlandschaften gleichen, aber ich habe unzählige Erinnerungen; meiner Ansicht gilt das mehr als eine Wirklichkeit, deren Zauber die Phantasie gewöhnlich zu stark belastet ...«[151] Und wenig später:»Sie wissen wohl nicht, dass ich für die schöne Laufbahn eines Seemanns bestimmt war, und dass lediglich die Zufälligkeiten des Lebens mich in andere Richtung geführt haben ...«[152] Dem Schicksal sei Dank, möchte man an dieser Stelle hinzufügen.

Dass Debussy die »Erinnerungen« an das Meer über die »Wirklichkeit«, das heißt das unmittelbare Erleben desselben stellte, mag für einen »Impressionisten« mehr als erstaunlich sein. Bildete das künstlerische Schaffen in direktem Kontakt mit der Natur und ihren Elementen nicht ein zentrales Credo des Impressionismus? Hielten impressionistische Malerkollegen wie Claude Monet (1840 - 1926) oder Camille Pissarro (1830 - 1903) nicht gerade die *Pleinair-*, das heißt die Freilicht-Malerei hoch? Ein Blick in Debussys Schriften – von denen eine Reihe unter dem Titel *Monsieur Croche, Antidilettante* herauskamen – zeigt, dass es ihm, im Gegensatz zu einer musikalischen Schilderung der Natur, vor allem um den »Gedanken einer letztlich geheimnisvollen Naturhaftigkeit der Musik«[153] ging: »Nicht mehr oder weniger exakte Reproduktion der Natur« sei die Bestimmung der Musik, »vielmehr geheimnisvolle Übereinkunft von Natur und Imagination«[154]. Im Jahre 1903 notierte Debussy: »Die Musik ist eine geheimnisvolle Mathematik, deren Elemente am Unendlichen teilhaben. Sie ist verantwortlich für die Bewegung der Wasser, das Spiel der Kurven, die die wechselnden Winde beschreiben; es gibt nichts Musikalischeres als einen Sonnenuntergang.«[155] Oder die Morgendämmerung. Oder das Spiel der Wellen und des Windes!

Dietrich Fischer-Dieskau, der 1925 geborene namhafte Lied- und Opernsänger, gibt in seinem 1993 publizierten Buch über Debussy *Fern die Klage des Fauns* dem Komponisten Recht, wenn er herausstreicht, dass »hinter (seiner) Musik nicht Eindruck der Natur, sondern Seelenzustand (steht), Ausdruck weniger von Bildern als von Erinnerungen und Emotionen, in der Hoffnung, eine extreme Vereinfachung zu erreichen. (...) Debussys psychisches Reich sind Wind, Wolken und strömende Luft, das Endlose des Ozeans, das Meer als Schauplatz einer sich fast szenisch entfaltenden Musik. Eine künstlerische Tendenz wie die von Kandinsky: hin zum Theater ohne Figuren und Handlung, weg von den Sirenen und Najaden der Art deco, keine Arabesken der Meermädchen, kein Weib als Gefahr und Untergangsandrohung, sondern Farben und Klänge, die sich selbst genügen.«[156]

Debussys Kunstauffassung scheint deshalb mit jener von Paul Cézanne (1839 - 1906) eng verwandt zu sein: »Man muss die Natur nicht reproduzieren, sondern repräsentieren. – Die Kunst ist eine Harmonie parallel zur Natur. Der Künstler ist ihr parallel ...«[157], heißt es in einem berühmten Diktum des Malergenies.

Trotzdem mag man beim Hören von Debussys *La Mer* kaum umhin kommen, nicht an das Meer zu denken. Schon gar nicht, wenn man die anekdotischen Untertitel der drei Sätze kennt, die scheinbar einen »Gehalt« vorgeben. Doch mit welchen musikalischen Stilmitteln evoziert der Komponist das Wesen des Meeres, des Welligen und Flüssigen eigentlich? Sich auf analytischem Wege dem Werk zu nähern ist ein schwieriges Unterfangen, stellt Jean Barraqué in seiner Debussy-Monographie fest: »Um es zu erklären, muss man faktisch die gewohnten Methoden der klassischen Analyse aufgeben. Es ist, als ob Debussy mit *La Mer* die musikalische Technik neu erfunden habe, weniger im Bereich der Satzkunst, die im Ganzen ziemlich traditionsgebunden geblieben ist, als in der Konzeption der dialektischen Organisation und der klanglichen Entwicklung. Die Musik wird hier zu einem geheimnisvollen, rätselhaften Universum, das sich aus sich selbst erzeugt und wieder zerstört. (...) Mit *La Mer* hat

Debussy wirklich ein Entwicklungsverfahren erfunden, in dem die ursprünglichen Begriffe von Exposition und Durchführung unaufhörlich sprudelnd nebeneinander existieren, wodurch das Werk sich irgendwie selbst antreibt, ohne die Hilfe eines verbindlichen Modells.«[158] Als Exposition und Durchführung werden Teile der Sonatenhauptsatzform bezeichnet, wobei Erstere das thematische Material des Satzes vorstellt und Letztere deren motivisch-thematische Verarbeitung vornimmt.

Zu den Stilmerkmalen, denen sich Debussy bedient, zählen, schlagwortartig aufgezählt, unter anderem folgende: eine statisch wirkende, oft nicht-funktionale Harmonik, die Ganztonskala, eine ornamentale Melodik und delikate Instrumentierung sowie eine exquisite Klangfarbenwirkungen. Kriterien mithin, die vor Debussys *La Mer* von Musikkritikern zumeist unter negativem Vorzeichen gedeutet wurden, da sie einer vermeintlichen Form- und Ziellosigkeit, einer Zersetzung und Auflösung Vorschub leisteten. Doch was käme der adäquaten Darstellung des Wässrigen näher als gerade der Einsatz musikalischer Mittel, die starre Formen und Strukturen aufzulösen trachten?!

In musikhistorischer Perspektive steht Debussys *La Mer* in der Tradition der so genannten Natursymphonie, die sich seit Franz Liszts (1811 - 1886) *Was man auf den Bergen hört* aus dem Jahre 1850 größter Beliebtheit erfreute und Naturphänomenen wie dem Gebirge, dem Wald oder den Sternen gewidmet war. Etwa ein Jahrzehnt vor Debussys Meer-Komposition sind zwei Tondichtungen erschienen, die gleichfalls das Meer zum Gegenstand haben: Alexander Glasunows (1865 - 1936) *La Mer – Fantasie pour grand orchestre* von 1889 sowie Paul Gilsons (1865 - 1942) *La Mer – Esquisses symphoniques d'après un poème de Eddy Levis pour grand orchestre* von 1890. Zwei Jahre zuvor komponierte der Russe Nikola Andrejewitsch Rimski-Korsakow (1844 - 1908), der auch eine Ausbildung im Seekadettenkorps von St. Petersburg absolviert hatte, seine auf der Erzählung *Tausend-*

und eine Nacht beruhende Sinfonische Suite *Scheherazade*, deren erster Satz den programmatischen Titel *Das Meer und Sindbads Schiff* trägt. Ein Satz, der im Film *Der große Blonde mit dem roten Schuh* und in *A Clockword Orange* verwendet wird. Auch ein älteres, gleichfalls beliebtes Werk kann in diesem Zusammenhang genannt werden: Anton Rubinsteins (1829 - 1894) *Océan – 2. Symphonie in C-Dur* von 1868.

Zu den musikalischen Kompositionen, die sich des Themas »Meer« im Anschluss an Debussys Meisterwerk annahmen, ist – neben Sir Edward William Elgars (1857 - 1934) *Sea Pictures* von 1899 – vor allem Ralph Vaughan Williams (1872 - 1958) *A Sea Symphony* zu nennen. Der englische Komponist und Dirigent begann mit der Arbeit an seiner spätromantischen Choralsinfonie für Sopran, Bariton, Chor und großes Orchester im gleichen Jahre wie Debussy an *La Mer*, nämlich 1903, brachte sie unter eigener Leitung aber erst 1910 beim Leeds Festival zur Uraufführung. Dabei habe es ihn – so berichtete der Komponist – ob der Lautstärke beim ersten Choransatz beinahe vom Dirigentenpult geweht. Das Werk wird teilweise auch als Vaughan Williams Sinfonie Nr. 1 bezeichnet und ist mit rund siebzig Minuten Spieldauer die längste aller seiner Sinfonien. Die vier Sätze lauten: I. *A Song for all Seas, All Ships* (Ein Lied für alle Meere und alle Schiffe), II. *On the Beach at Night, Alone* (Allein nachts am Strand), III. *Scherzo: The Waves* (Die Wellen) und IV. *The Explorers* (Die Entdecker). Der Text der *Sea Symphony* stammt aus Walt Whitmans (1819 - 1892) naturmystischem Gedichtzyklus *Grashalme* von 1855.

Immer wieder mit Debussys *La Mer* verglichen wurde seit Beginn des 20. Jahrhunderts aber vor allem ein Werk: Die impressionistische Tondichtung *Die Okeaniden* des finnischen Komponisten Jean Sibelius (1865 - 1957) aus dem Jahre 1914. Eine Auftragskomposition für das Norfolk Festival in Connecticut/ USA, zu dem der Mäzen und Konzerthausbesitzer Carl Stoeckel jedes Jahr die berühmtesten Komponisten seiner Zeit – unter anderem Antonin Dvořák, Max Bruch und Camille Saint-Saëns – einlud. Wie der Titel bereits andeutet, bezieht sich Sibelius mit diesem irisierenden, schillernden Tongemälde auf die griechische Mythologie, nämlich auf die 4.000 Töchter des Meeresgottes Okeanos und seiner Gemahlin Tethys. (Es sollte im Übrigen das einzige Werk von Sibelius bleiben, das nicht auf einem finnischen Stoff beruht.)

Doch auch der finnische Titel *Aallottaret* (Töchter der Wellen) deutet an, worauf es dem Komponisten hierbei wohl in erster Linie ankam: der Versuch, das tändelnde Spiel der Wellen, die unendliche Ruhe und Weite des Meeres, aber auch sein Brausen und Stürmen musikalisch wiederzugeben. Sibelius selbst hat seinem nur achteinhalb Minuten dauernden Stück, das trotz seiner festen musikalischen Form des Rondos im wahrsten Sinne des Wortes dahinzuströmen scheint, einen ebenso hohen persönlichen wie künstlerischen Stellenwert beigemessen, als er schrieb: »Es ist, als ob ich immer mehr zu mir selbst finde. Die vierte Symphonie war ein Anfang. Aber in diesem Werk ist sehr viel mehr. Es gibt dort Stellen, die mich verrückt machen. Welch' Poesie!!!«

Ein anderer bedeutender englischer Komponist, der sich dem Thema »Meer« widmete, ist Benjamin Britten (1913 - 1976) mit seinen *Four Sea Interludes* aus der Oper *Peter Grimes*, die an der Ostküste Englands im Milieu armer Fischer spielt. Vor allem die vier Orchesterzwischenspiele zwischen den einzelnen Bildern zeichnen auf eine überaus expressive Art und Weise das Bild des englischen Meeres an der Ostseeküste, das sich meist von seiner bedrohlichen, gewaltigen, düsteren und unberechenbar gefährlichen Seite her zeigt. Über seine intensive Beziehung zum Meer schrieb Britten 1945, im Jahre der Uraufführung seines Werkes: »Die meiste Zeit meines Lebens verbrachte ich in engem Kontakt mit dem Meer. Das Haus meiner Eltern in Lowestoft blickte direkt auf die See, und zu den Erlebnissen meiner Kindheit gehörten die wilden Stürme, die oftmals Schiffe an unsere Küste warfen und ganze Strecken der benachbarten Klippen wegrissen. Als ich ›Peter Grimes‹ schrieb, ging es mir darum, meinem Wissen um den ewigen Kampf der Männer und Frauen, die ihr Leben, ihren Lebensunterhalt dem Meer abtrotzten, Ausdruck zu verleihen – trotz aller Problematik, ein derart universelles Thema dramatisch darzustellen.«[159]

Des Themas »Meer« nahm sich selbstredend auch die Rock- und Popmusik an: *Yellow Submarine* (Gelbes Unterseeboot) heißt ein 1966 von den Beatles auf dem Album *Revolver* veröffentlichter Song, der zwei Jahre später auch zum Namensgeber und Titellied eines Zeichentrickfilms werden sollte. Wie Paul McCartney (geboren 1942), der an der Komposition den Hauptanteil hatte, späterhin erklärte, beabsichtigte er, lediglich ein Kinderlied mit einem eingängigen, leicht zu singenden Refrain zu schaffen, und verwahrte sich damit gegen jede tiefer gehende Interpretation dieser Unter-Wassermusik, deren Anfangszeilen bereits märchenhafte Züge tragen:

In the town where I was born
Lived a man who sailed to sea
And he told us of his life
In the land of submarines
So we sailed up to the sun
Till we found a sea of green
And we lived beneath the waves
In our yellow submarine ...[160]

Nachdem die Beatles den Song am 26. Mai 1966 in den *Abbey Road Studios* aufgenommen hatten, wurden am 1. Juni 1966 noch zahlreiche, vor allem das maritime Leben evozierende Ton- und Klangeffekte hinzugefügt: Man ließ Ketten klirren, läutete Schiffsglocken und rief Seefahrtskommandos. John Lennon (1940 - 1980) blies mit einem Strohhalm Luft in ein Wasserglas ...

Gesanglich unterstützt wurde die Aufnahmesession von Freunden der *Fab Four*, darunter Marianne Faithfull, Donovan und Brian Jones von den Rolling Stones. Mit ihrer dreizehnten Single erreichten die Beatles Platz Eins der britischen Single-Hitparade und waren dort dreizehn Wochen lang vertreten. *Yellow Submarine* wurde die meistverkaufte Single des Jahres in Großbritannien. Und auch in Deutschland platzierte sich dieser Ohrwurm auf Platz Eins und hielt sich dreizehn Wochen in den Top Ten.

Einen paradiesischen, friedlichen Ort unter den Wellen beschwören die Beatles auch in ihrem Song *Octopus's Garden,* der ebenfalls an ein Kinderlied erinnert:

I'd like to be under the sea
In an octopus' garden in the shade (...)
We would be warm below the storm
In our little hideaway beneath the waves
Resting our head on the sea bed
In an octopus' garden near a cave.
We would sing and dance around
Because we know we can't be found (...)
Oh what joy for every girl and boy
Knowing they're happy and they're safe (...)
We would be so happy you and me
No one there to tell us what to do ...[161]

Nicht zuletzt aufgrund des Gleichklangs Octo*pus's* Garden = *Pussy*, was bekanntlich im Englischen nicht nur Kätzchen, sondern auch »Vulva« meint, sowie anderer Sexualsymbole wie dem »Garten« (Schamhaare) und der »Höhle« (Vagina), die beide traditionell in Beziehung zum weiblichen Genitale gesetzt wurden – von den erotisch aufgeladenen Schlüsselwörtern *bed* (Bett) und *joy* (Freude, Lust) ganz zu schweigen –, ist aber auch eine psychoanalytische Les- beziehungsweise Hörart dieses Beatles-Songs nicht von der Hand zu weisen.[162]

Octopus's Garden gehört zu den wenigen von Ringo Starr (geboren 1940) geschrieben Beatles-Songs. Das Lied erschien im Jahre 1969 auf dem Album *Abbey Road*. Die Idee dazu soll Ringo Starr anlässlich einer Bootsfahrt mit dem Komödianten Peters Sellers 1968 vor Sardinien gehabt haben. Starr hatte zu Mittag Fish & Chips bestellt, serviert wurde ihm aber Tintenfisch, was dieser mit den Worten: »It was okay. A bit rubbery. Tasted like chicken« kommentierte. Dann erzählte Sellers, der Besitzer und Kapitän des Bootes, seinem Freund, wie die Tintenfische über den Meeresboden gleiten, um Steine und glänzende Dinge für den Bau ihrer wundersamen Gärten zu sammeln ...

Ein anderer legendärer Meer-Song und zugleich ein Meilenstein in der Geschichte der Rockmusik ist das 23 Minuten lange psychedelische Pink-Floyd-Stück *Echoes*. Das von vielen Pink-Floyd-Fans als ihr bestes bezeichnete Stück nimmt die vollständige zweite Seite der LP-Fassung des Albums *Meddle* aus dem Jahre 1971 ein. Den Anfang dieses Stücks symphonischen Ausmaßes, das wie viele Beatles-Songs in den mit modernster Technik ausgestatteten Abbey Road Studios aufgenommen wurde, bildet die einfachste denkbare musikalische Keimzelle: ein vom Piano über einen Leslie-Rotationslautsprecher mit Doppler-Effekt geleiteter Einzelton (ein dreigestrichenes h), der mehrmals wiederholt an den geheimnisvoll schwebenden, ätherischen Klang eines Echolotes erinnert: Ping – ping – ping ...

Nacheinander treten dann Bass, Schlagzeug und weitere Keyboardklänge beziehungsweise elektronisch generierte Soundeffekte – Vogelstimmen mithilfe eines umgekehrt angeschlossenen Wah-Wah-Pedals, heulende Winde durch gleichmäßige Kreisbewegungen mit einem Bottleneck auf dem E-Bass – sowie der Gesang hinzu, die im Verbund eine verträumte, mitunter aber auch bedrohlich-gespenstische maritime Kulisse heraufbeschwören.

Der surrealistisch anmutende Songtext stammt von dem 1943 geborenen Roger Waters, obgleich an dieser Komposition ausnahmsweise alle vier Bandmitglieder beteiligt waren, zu jener Zeit also auch schon David Gilmour (guitar), Richard Wright (organ) und Nick Mason (drums). Wir beschränken uns hier auf die ersten beiden Liedstrophen, die uns in die wundersame grüne Unterwasserwelt – »in Labyrinthe aus Korallenhöhlen« – entführen, und damit in eine andere, »ferne Zeit«, als noch niemand uns ans Land rief, wir noch eine Meer-Existenz fristeten:

Overhead the albatross hangs motionless upon the air
And deep beneath the rolling waves
In labyrinths of coral caves
The echo of a distant time
Comes willowing across the sand
And everything is green and submarine

And no-one showed us to the land
And no-one knows the where or whys
But something stirs and something tries
And starts to climb towards the light ...[163]

Schon bald nach Veröffentlichung von *Echoes* wurden Gerüchte laut, Pink Floyd hätten dieses Stück ursprünglich als Filmmusik zu Stanley Kubriks (1928 - 1999) Film-Klassiker *2001: A space odyssey* (Odyssee im Weltraum) aus dem Jahre 1968 konzipiert, zumal das letzte *Jupiter and Beyond the Infinite* betitelte Filmsegment ebenfalls 23 Minuten lang ist und darüber hinaus frappante Übereinstimmungen, zuvörderst das Motiv des Schwebens, aufweist – was die Musiker jedoch stets, und zwar *unisono*, verneinen sollten.

Unter dem Titel *Echoes* erschienen 2001 eine Best-of-Doppel-CD von Pink Floyd. Zwei Jahre später wurde sodann eine DVD-Version ihres Live-Konzertes von 1971 im menschenleeren Amphitheater von Pompeei veröffentlicht, bei dem *Echoes* den Anfang und das Ende des Director's Cut markiert. Zu hören ist

Pink Floyds *Echoes* außerdem am Schluss des Films *Crystal Voyager* von 1973, der eine Hommage der beiden Filmemacher David Elfick (geboren 1944) und George Greenough an den Surf-Sport ist: aufgenommen mit einer wasserfesten, auf dem Rücken von Greenough montierten Kamera, die seinen atemberaubenden Wellenritt in Zeitlupe aufnimmt. Von dem französischen Meeresforscher Jacques-Yves Cousteau (1910 - 1997), dem Mann mit der roten Wollmütze, heißt es, er habe dieses Pink-Floyd-Stück so sehr geliebt, dass er es sich sogar während seiner abenteuerlichen Fahrten durch die Karibik wiederholt anhörte.

Weit weniger bekannt, aber mindestens genauso kunstvoll wie die gerade zitierten Beatles- und Pink-Floyd-Meer-Stücke ist ein Song, den der 1945 geborene englische Sänger und Schlagzeuger Robert Wyatt, Mitbegründer der Artrock-Gruppe *Soft Machine*, im Jahre 1974 auf seinem Album *Rock Bottom* veröffentlichte.*
Letzteres produzierte im Übrigen Nick Mason, der Schlagzeuger von Pink Floyd. Wyatts *Sea Song* ist Meer- und Liebeslied in einem, ist gleichermaßen idyllisch und melancholisch, wie es bereits die Anfangsverse zum Ausdruck bringen, die der Sänger mit seiner mehrere Oktaven umfassenden, wunderschön-brüchigen Stimme vorträgt:

> You look different every time you come
> From the foam-crested brine
> It's your skin shining softly in the moonlight
> Partly fish, partly porpoise, partly baby sperm whale
> Am I yours? Are you mine to play with?
> Joking apart when you're drunk
> You're terrific when you're drunk
> I like you mostly late at night – you're quite all right ...[164]

---

* Diesen Hinweis verdanke ich dem Philosophen und Jazz-Saxophonisten
  Dr. Alberto Gualandi, Bologna.

Das Meer der Musiker

Entstanden ist diese »wärmende Outsider-Ballade« – so ein Kritiker des *Rolling Stone Magazine* –, die deutliche Jazz-, aber auch Klassikeinflüsse erkennen lässt, anlässlich eines Aufenthaltes des Künstlers in Venedig Anfang 1973, wo seine Partnerin und spätere Frau, die Schriftstellerin Alfreda Benge, mit dem Regisseur Nicolas Roeg an dem Mysterythriller *Don't Look Now* (Wenn die Gondeln Trauer tragen) arbeitete. Zurück in England, stürzte Robert Wyatt, einen Tag vor Beginn der Studioaufnahmen zu *Rock Bottom* bei einer Party aus einem Fenster im vierten Stock und blieb seitdem an den Rollstuhl gefesselt.

Doch Wyatt, der seinen Unfall späterhin als Beginn seiner Reife bezeichnete, gab nicht auf. Nach einem sechsmonatigen Krankenhausaufenthalt tauschte er das Schlagzeug gegen das Keyboard aus und vollendete 1974 schließlich eines der »schönsten und unheimlichsten Alben überhaupt« (Rolling Stone Magazine) – mit dem wehmütig-sehnsüchtigen *Sea Song* als genialem Initialsong.

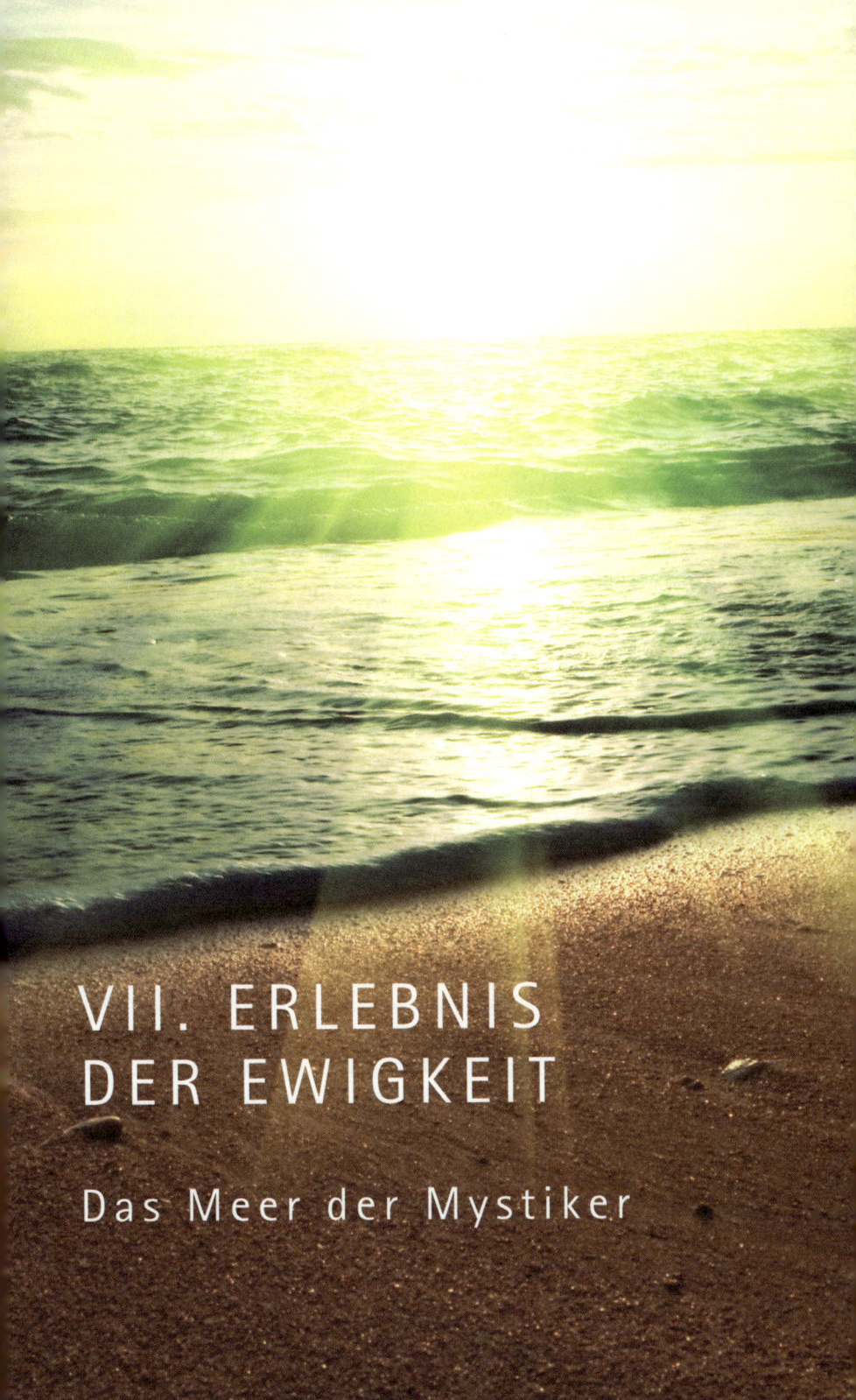

VII. ERLEBNIS DER EWIGKEIT

Das Meer der Mystiker

Wenn du beten lernen willst,
so gehe an die Ufer des Meeres.
Aus Spanien

Als unermesslich große Fläche wurde das Meer vor allem in den großen Religionen und Mystiken dieser Welt, nicht nur der christlichen, zu einem der bildmächtigsten Symbole überhaupt: Sinnbild unerschöpflicher Lebenskraft, der Unendlichkeit und des Absoluten sowie Sinnbild des Aufgehens der Seele in Gott. Vielen Mythen zufolge liegen im Urmeer die Anfänge allen Seins. Und im tibetischen Buddhismus bedeutet Dalai Lama so viel wie »Lehrer, dessen Weisheit so groß wie der Ozean ist«.

In den alttestamentlichen Psalmen lesen wir, wie die Menschen – trotz aller Furcht vor dem Meer im Sinne eines »Zuchtmittels Gottes«, wie es die Sintflutgeschichte verdeutlicht – dessen Brandung als unaufhörliches Gotteslob gehört haben, denn: »Gewaltiger als das Tosen vieler Wasser, gewaltiger als die Brandung des Meeres ist der Herr in der Höhe.« (Ps 93,4)

Ambrosius von Mailand (um 333/340 - 397), der erste der vier großen abendländischen Kirchenlehrer, nennt in seinem *Hexameron* (Sechstagewerk) das Evangelium ein Meer, indem er sich der theologischen Auslegungstechnik des mehrfachen Schriftsinnes bedient: »Du darfst dich nicht daran stoßen, dass ich für ›Meer‹ ›Evangelium‹ setze. Das Evangelium ist es, worauf Christus wandelte. Das Evangelium ist es, worin Petrus, ob er auch bei der Verleugnung schwankte, durch Christi Rechte die Stärkung im Glauben und die Gnade der Standhaftigkeit fand. Das Evangelium ist es, aus dem der Märtyrer heraufkommt. Das Evangelium ist das Meer, worin die Apostel fischen, wo das Netz ausgeworfen wird, das dem Himmelreiche gleicht. Das Evangelium ist das Meer, worin Christi Geheimnisse vorgebildet wurden. Das Evangelium ist das Meer, worin der Hebräer Rettung, der Ägypter Untergang fand. Das Evangelium ist das Meer; denn über den

Meeren ist die Braut Christi, die Kirche, und die Fülle göttlicher Gnade gegründet nach des Propheten Wort.«[165] Mit Hilfe dieser exegetischen Methode, bei der sich der Literal- oder Buchstabensinn (die wörtliche Auslegung) auf die Fakten bezieht, der allegorische Sinn (die dogmatische Interpretation) auf den Glauben, der tropologische Sinn (der ethisch-moralische Gehalt) auf das Handeln und der anagogische Sinn (die eschatologische Bedeutung) auf das erhoffte Ziel, wertet Ambrosius geschickt das zu seiner Zeit durchgängig negativ besetzte Meer auf.

Das »unergründliche Meer der Gottheit« begegnet uns sodann beim Kirchenvater Aurelius Augustinus (354 - 430). Dieser soll bei einem Spaziergang am Meer einen Jungen getroffen haben, der versuchte, mit einer Muschel das Wasser des Meeres in eine kleine Grube zu schöpfen. Als Augustinus ihn darauf hinwies, dass dies ein unmögliches Unterfangen sei, sagte der Junge zu ihm: »Und du versuchst, mit deinem kleinen Geist die Größe Gottes zu fassen?« Seither gilt die Muschel nicht nur als Symbol des pilgernden Gottesvolkes (die Jakobs- oder Pilgermuschel), sondern auch als ein Symbol für das Eintauchen in das unergründliche Meer der Gottheit. Sie findet sich beispielsweise im aktuellen Papstwappen von Papst Benedikt XVI.

Und auch der christliche Denker Dionysius Areopagita oder Pseudo-Dionysius, der in seinen Schriften Christentum und heidnische Philosophie zu verbinden suchte und die Hierarchie der Engel festlegte, nennt im 5./6. Jahrhundert in seiner negativen Theologie Gott »das unendliche Meer«.

Die Mystikerin Mechthild von Magdeburg (1241/42 - 1299) spricht desgleichen vom »mer der gotheit«: »Wenn du dein Schiffelein aufs Meer der Gottheit bringst: glückselig bist du dann, so du darin ertrinkst.« Dabei werden die einzelnen Wassertropfen oftmals mit dem Menschen beziehungsweise mit seiner Seele gleichgesetzt. Vom Ertrinken des Menschen im Meer Gottes ist auch bei dem Mystiker Johannes Tauler (um 1300 - 1361) die Rede: »So geht der Mensch ewig ein in Gott und wird so ganz von Gott umfangen, dass er sich selbst verliert und nichts anderes mehr weiß als Gott. Und er ertrinkt im grundlosen Meer der Gottheit.«[166], heißt es bei Tauler, der mit Meister Eckhart und Heinrich Seuse dem Dreigestirn deutscher Mystik zugerechnet wird.

Desgleichen vergleichen viele islamische Mystiker ihre ekstatische *Unio mystica*, ihre Vereinigung mit dem Absoluten, aber auch ihren persönlichen Tod mit dem Aufgehen im Meer: Von Bayezid (803 - 875), einem persischen Sufi, ist folgendes Gleichnis überliefert, das der 1953 geborene deutsche Schriftsteller Ulrich Holbein in seiner Anthologie klassischer Sufi-Mystik *Dies Meer hat keine Ufer* zitiert: »Bäche und Flüsse rauschen solange, bis sie ins Meer hineingeflossen sind. So ist es auch mit dem Herzen des Mystikers; es rauscht solange, bis es zu Allah gelangt.«[167]

»Wer einen Augenblick die Nähe Gottes erlangt, der gleicht einem Tautropfen im Meer. Der Tropfen, der im Meere unterging, für den sind beide Welten außer Gott nur noch Wahn«, weiß der persische Sufi-Dichter Fariduddin Attâr (um 1136 - 1221) in seinem Buch *Meer der Seele*, das die Menschen erbauen und ihnen den Weg zum höchsten Ziel, zu der im Meer ihrer Seele verborgenen Perle weisen soll. Umgekehrt gilt aber auch: »Hunderttausend Tropfen sind ein Ozean. Wenn sie ihn verlassen, werden sie zu Tropfen.«[168] Attar werden, entsprechend der Zahl der Koransuren, 114 Werke zugeschrieben, von denen seine *Vogelgespräche* im Westen das wohl bekannteste ist.

Bei Dschelalleddin Rumi (1207 - 1273), dem vielleicht bedeutendsten persischen Sufi-Dichter, lesen wir: »Das Meer, das ich bin, hat sich in seine eigenen Wogen hinein ergossen. Seltsames, grenzenloses Meer, das ich bin!« Und: »Wir sind alle Wasservögel, o Freund, das Meer kennt unsere Sprache vollständig. Deshalb ist das Meer Salomo, und wir sind wie die Vögel; in Salomo bewegen wir uns in Ewigkeit.«[169] In den *Erzählungen von Masnavi* bedient sich Rumi schließlich der Meer-Metaphorik,

Das Meer der Mystiker

um uns Menschen die Grenzen der individuellen Wahrnehmung vor Augen zu führen: »Der Blick auf das Meer ist eine Sache und die Gischt eine andere. Vergiss die Gischt und blicke nur auf das Meer. Tag- und Nachtgischt stieben auf vom Meer: Wunderbar! Du betrachtest die Gischt, aber nicht das Meer ... unsere Augen sind verdunkelt und doch sind wir in klarem Wasser.«[170] Für den persischen, mit der islamischen Mystik eng vertrauten Lyriker Hafiz (um 1325 - 1390) ist Gott »das Meer des Weins, nach dem wir verlangen, den wir vermissen«[171], wobei »Wein« in der spirituellen Tradition der Sufis für die »Liebe« steht, an der wir uns berauschen.

Der Vergleich des Menschen mit einem winzigen Tropfen beziehungsweise der riesengroßen Meermenge mit Gott wird gerade in der christlichen Mystik zu einem regelrechten Topos, um die Einheit des Menschen mit Gott zu erklären. So wird von der flämischen Mystikerin Beatrijs von Nazareth (1200 - 1268) berichtet, dass sie im Augenblick der Elevation der Hostie bei der Wandlung in Ekstase geriet, wie Bardo Weiß in seinem Buch *Ekstase und Liebe. Die Unio mystica bei den deutschen Mystikerinnen des 12. und 13. Jahrhunderts* (2000) schreibt: »›Plötzlich wurde sie völlig auf einen Schlag in jenes Meer der Liebe wie ein Tröpfchen fließend aufgesogen.‹ Ganz ähnlich schreibt die lateinische Fassung ihres Buches: ›Wie ein Tröpfchen, das herabfließt in die ungeheure Weite des Meeres, so wurde die ganze Hinneigung ihres Herzens auf einen Schlag in das Meer der Ewigkeit verschlungen und zog irgendwie die himmlische Natur an.‹ Deutlich wird hier ein Verschlungensein, ja Verlorensein des Menschen angesichts der Vereinigung mit der Größe der Liebe Gottes ausgesagt.«[172]

Eine vergleichbare Erfahrung soll auch dem Mystiker Jan von Olvernen (gestorben 1322), einem der ersten Mitbrüder des Ordensgründers Franziskus von Assisi, widerfahren sein: »Hernach ward er über alles Geschaffene tiefer in Gott gezogen, so dass seine Seele eingenommen und als verschlungen war in den Abgrund der Klarheit Gottes, und wie begraben in dem Meer der göttlichen Ewigkeit und Unendlichkeit; dass er so gar nichts Geschaffenes oder Formiertes, nichts Endliches, das ein menschliches Herz gedenken oder die Zunge aussprechen mag, in seiner Seele empfand. Die Seele selbst war verschlungen in dem Meer und Abgrund der Gottheit und also ausgebreitet, wie ein Tropfen Wassers in der Tiefe des Meeres, welcher nichts in sich findet als das Meer.«[173] In voller Länge nachzulesen ist dieses eindrückliche »Nirvana«-Erlebnis bei dem vor allem in Freiburg im 19. Jahrhundert wirkenden Theologieprofessor, Volksschriftsteller und Erziehungswissenschaftler Alban Stolz (1808 - 1883) in dessen Buch *Legende oder Der christliche Sternenhimmel.*

Wie die Seele (des Mystikers) im göttlichen Meer der Freude zu schwimmen vermag, beschreibt auch die französische, aus Hainaut bei Valenciennes stammende Begine Margareta Porète (1250/60 - 1310) in ihrem Buch *Le mirouer des simples ames* (Der Spiegel der einfachen Seelen): »Eine solche Seele, spricht die Liebe, schwimmt im Meer der Freude, das ist in dem aus der Gottheit ausfließenden und ausströmenden Meer der Wonnen. Doch empfindet sie dabei nicht irgendwelche Freude, denn sie selbst ist Freude. Und so schwimmt und schwebt sie in der Freude, ohne die Empfindung irgendeiner Freude. Denn sie bleibt in der Freude, und die Freude bleibt in ihr. Es ist die Freude selbst, die sie durch die Tugendkraft der Freude in sich umgewandelt hat.«[174] Trotz der kirchlichen Ächtung und der wegen vermeintlicher Ketzerei sogar zum Tode auf dem Scheiterhaufen verurteilten Verfasserin, sollte dieses in der minne-mystischen Tradition stehende Buch schon bald eine große Verbreitung und bedeutende Nachwirkung im mystisch-theologischen Schrifttum der späteren Zeiten finden.

Vom göttlichen Gnadenmeer berichtet uns sodann Dante Alighieri (1265 - 1321) in seiner *Göttlichen Komödie*, als er im obersten Himmel angelangt ist:

Das Meer der Mystiker

O Gnadenmeer, dass ich mich's unterfing
Dass meine Blick' am Lichte haften blieben,
Eindringend, bis das Schauen dort verging!

In seiner Tiefe schloss, vereint durch Lieben,
Wie in ein einzig Buch sich alles ein,
Was durch das Weltall steht zerstreut geschrieben ...

Denn jenes Licht übt so erhabnen Bann,
Dass nimmermehr von ihm der Blick verblendet
Nach anderem zu schaun einwill'gen kann.[175]

Wie der Übersetzer in seinem Kommentar dazu schreibt, wird Dante durch die Fürbitte der Himmelskönigin die höchste aller Seligkeiten gewährt, in der jede Sehnsucht erlischt. Gemeint ist damit das Anschauen der Gottheit. Die Vielheit der Dinge wird nun als Einheit in der Tiefe des ewigen Lichtes gesehen.

»Im Meer werden alle Tropfen Meer / Das Tröpflein wird das Meer, wenn es ins Meer gekommen: / Die Seele Gott, wenn sie in Gott ist aufgenommen«, heißt es wiederum im *Cherubinischen Wandersmann* aus dem Jahre 1657 von Angelus Silesius (1624 - 1677). Innen und Außen scheinen im wahrsten Sinne des Wortes ineinander zu fließen. So formuliert beispielsweise Katharina von Genua (1447 - 1510):»Ich bin eingetaucht in den Quell reiner Liebe, als befände ich mich im Meer unter Wasser« und Elsbeth Stagel, die Tösser Dominikaner-Nonne und Briefpartnerin Heinrich Seuses, bekennt Anfang des 14. Jahrhunderts in einem kühnen Gleichnis:»Ich schwimme in der Gottheit wie der Adler in der Luft.«[176] Für das überwältigende Einswerden des Menschen mit dem Absoluten scheint es nachgerade keine anschaulichere Metapher als das Eintauchen ins unendliche Meer zu geben.

In ihrem Buch über *Die Sprache der deutschen Mystik des Mittelalters im Werke der Mechthild von Magdeburg* aus dem Jahre 1926 resümiert Grete Lüers:»Betrachtet man insgesamt die metaphorischen Ausdrücke der deutschen Mystik, so fällt ein starkes Überwiegen jener Bildkomplexe auf, die das Wesen des Metaphysischen als unbegriffene Unendlichkeit darstellen. ... Der zentrale Gegenstand mystischen Denkens aber ist die Unendlichkeit, die ewig unumgriffen, unsagbar, ungreifbar bleibt, trotz aller Versuche bildlicher Darstellung. Die Unendlichkeitsterminologie, wie wir sie nennen möchten, die Bilder der Unendlichkeit für das Unendliche, sind am geeignetsten, das Ewige zu sinnbilden. So werden am häufigsten jene Bildmotive gebraucht, bei denen man teils weder Anfang noch Ende, teils weder Raum noch Zeit, sondern nur ein jenseits aller Begrenztheit Liegendes denken kann. Nichts schließt das Meer ein, das unendliche Meer ist ohne Grenzen, ohne Anfang und Ende. (...) Die gesamte Terminologie des ›vliezen‹ ist zum Teil wohl von dem Bildkomplex des ›mer der gotheit‹ beeinflusst; ebenso ist die Bildvorstellung des ›versenken in daz mer der gotheit, versenken, ertrinken, ersöffet werden in gote‹ mit der Metapher ›mer der gotheit‹ in Verbindung zu betrachten.«[177]

Der deutsche Philosoph, Theologe und Mathematiker Nikolaus von Kues alias Cusanus (1401 - 1464) verdankt dem Meer nicht weniger als ein mystisches Erleuchtungserlebnis. Auf der Rückreise von Byzanz nach Italien soll Cusanus nach eigener Aussage auf hoher See – angesichts des unendlich wirkenden Meeres, an dessen Horizont Wasser und Luft, Himmel und Erde verschwimmen, und wohl auch der »punkthaften Winzigkeit des gefahrenumdrohten Schiffes«[178] – die entscheidende philosophische Entdeckung seines Lebens, nämlich die Idee vom Zusammenfall der Gegensätze (lateinisch *coincidentia oppositorum*) gekommen sein: Im unendlichen Einen fallen die in der Welt ausgefalteten Gegensätze übergegensätzlich zusammen. Gott und Welt verhalten sich wie Einfaltung und Ausfaltung. Alles Entfaltete ist in Gott Gott selbst und in der Welt es selbst als Zusammenziehung (Kontraktion) der unendlichen Einheit in ein bestimmtes Seiendes. Weil der menschliche Verstand auf die gegensätzliche Welt mit ihren vielfachen Unterschieden ausgerichtet ist, strandet er an der Mauer der *coinicdentia oppositorum*. Die Vernunft vermag aber zu erkennen, dass es die *coincidentia oppositorum* geben muss und die belehrte Unwissenheit *(docta ignorantia)* aufs engste zusammenhängen. Der Gedanke dieser überbegrifflichen Einheit wurzelt in der neuplatonischen Einheitsmetaphysik, findet sich der Sache nach aber auch bei Thomas von Aquin (1225 - 1274).[179]

Rückblickend zum Abschluss seines philosophischen Hauptwerks *De docta ignorantia* (Die belehrte Unwissenheit) schreibt Cusanus im Februar 1440 aus seiner Heimatstadt Kues an der Mosel an Kardinal Julian, dem das genannte Opus auch gewidmet ist: »Empfange nun, ehrwürdiger Vater, was ich schon längst auf den verschiedenen Wegen der Lehrmeinungen intensiv zu finden versucht habe, jedoch nicht eher finden konnte, als ich bei meiner Rückkehr aus Griechenland auf dem Meerwege dahin gelangte – meiner Meinung nach durch ein Geschenk des Himmels vom Vater der Lichter, von dem alle gute Gabe kommt –, das Unbegreifliche in nicht begreifender Weise in belehrter Unwissenheit zu erfassen im Übersteigen der unvergänglichen Wahrheiten, die nach menschlicher Erkenntnisweise nur erkennbar sind. Diese belehrte Unwissenheit habe ich jetzt mit Hilfe dessen, der die Wahrheit ist, in diesen Büchern dargestellt, die auf der Grundlage desselben Prinzips gekürzt oder erweitert werden können.«[180] Karl Jaspers zufolge zählt dieser Blitz der Erkenntnis, dieses »philosophische Damaskuserlebnis«, wie es Cusanus selbst bezeichnete (Lübke, 276), zu den großen philosophischen Erleuchtungen, wie sie in der Geschichte des Denkens aus den Selbstberichten bekannt sind.

Im 17. Jahrhundert vergleicht der französische Jesuitenpater, Philologe, Historiker und Verfasser verschiedener religiöser Werke, Dominique Bouhours (1628 - 1702), der wichtige Autoren der französischen Klassik wie Nicola Boileau, Jean de La Bruyère

und Jean Baptiste Racine beeinflusst hat, die unendliche Fruchtbarkeit des Meeres mit der unendlichen Macht des Schöpfers:

Ebenso unermesslich, stets fruchtbar und reich,
spendet es ewig und erschöpft sich doch nie;
und ohne sich je zu teilen,
verbreitet es überall die Schätze seiner Flut.[181]

Wie sehr das Meer beziehungsweise das Element Wasser mit
dem Göttlichen in Verbindung gebracht wurde, zeigt nicht zuletzt die 1734 verfasste *Hydrotheologie* des Leipziger Universal-
gelehrten Johann Albert Fabricius (1668 - 1736), deren vollstän-
diger Titel bereits das Anliegen des Autors programmatisch zur
Sprache bringt: *Hydrotheologie oder Versuch, durch aufmerksa-
me Betrachtung der Eigenschaften, reichen Austheilung und Bewegung der Wasser, die Menschen zur Liebe und Bewunderung
ihres gütigsten, weisesten, mächtigsten Schöpfers zu ermuntern.*
Fabricius zufolge offenbart sich die Fürsorge Gottes in besonders anschaulicher Art und Weise im (Meer-)Wasser: »Wer ist
doch, der die Natur so geordnet hat, daß die Creaturen eben einer
gewissen Sache, wie das Wasser ist, so nothwenid gebrauchen
und damit versehen und erquicket zu werden verlangen, denen
auch würcklich dasselbige zu ihrer Notdurft ein Genügen tut, und
ihr Verlangen stillen kann? Ist es nicht Gott, der eben zu dem
Ende das Wasser nicht allein geschaffen, und mit solchen Eigenschaften gezieret hat, sondern der es auch dazu so reichlich hat
in der gantzen Welt ausgetheilet, in einem beständigen Circul
lässet herumlauffen, und desselben Schätze in unerschöpflichen
Abgründen verwahret.« (I.1)[182] Nur derjenige würde – so der Naturwissenschaftler und Theologe – das wahre Wesen des Wassers
erfassen, der Gottes gegenwärtiges Handeln in den harmonischen
Zusammenhängen der Natur wahrnimmt.

Vom göttlichen Weltmeer, in dem schon Denker wie Thales
von Milet (um 624 - um 546) das erste Prinzip alles Seienden

entdeckten, und der Affinität der menschlichen Seele mit allem Flüssigen, ihrer Sehnsucht nach ekstatischer Rückkehr zu ihrem eigentlichen Element, weiß auch Friedrich von Hardenberg alias Novalis (1772 - 1801). Laut seiner auf romantisch-christlicher Grundlage entworfenen Philosophie des »magischen Idealismus« »kann (das Wasser) seinen wollüstigen Ursprung nicht verleugnen und zeigt sich als Element der ... Mischung mit himmlischer Allgewalt auf Erden. Nicht unwahr haben alte Weisen im Wasser den Ursprung der Dinge gesucht, und wahrlich sie haben von einem höheren Wasser als dem Meer- und Quellwasser gesprochen. In jenem offenbart sich ... das Urflüssige, wie es im flüssigen Metall zum Vorschein kommt, und darum mögen die Menschen es immer auch nur göttlich verehren. Wie wenige haben sich noch in die Geheimnisse des Flüssigen vertieft, und manchem ist diese Ahnung des höchsten ... Lebens wohl nie in der trunkenen Seele aufgegangen. Im Durste offenbaret sich ... (die) gewaltige Sehnsucht nach dem Zerfließen. Die Berauschten fühlen nur zu gut diese überirdische Wonne des Flüssigen, und am Ende sind alle angenehmen Empfindungen ... mannigfache Zerfließungen, Regungen jener Urgewässer in uns. Selbst der Schlaf ist nichts als die Flut jenes unsichtbaren Weltmeers, und das Erwachen das Eintreten der Ebbe.«[183]

Dass es sich im Falle von Novalis' postulierter Verknüpfung zwischen menschlichen Seele und dem Geheimnis des Urflüssigen nicht nur um graue Theorie handelt, macht unter anderen Malvida von Meysenbug (1816 - 1903) deutlich: Die deutsche Schriftstellerin und Förderin von Künstlern, eine enge Freundin Richard Wagners und Friedrich Nietzsches, war wegen ihrer materialistischen Überzeugungen jahrelang unfähig, zu beten. In ihren dreibändigen *Memoiren einer Idealistin* aus den Jahren 1869, 1875 und 1876 schildert sie ein naturmystisches, direkt vom und am Meer inspiriertes Alleinheitserlebnis, das zu einem einschneidenden Gesinnungswandel führen sollte: »Ich war allein am Meeresufer, als mich alle diese Gedanken befreiend und versöhnend umfluteten, und wieder, wie einst in fernen Tagen in den Alpen der Dauphiné, trieb es mich, hier niederzuknien vor der unbegrenzten Flut, Sinnbild des Unendlichen. Ich fühlte, dass ich betete, wie ich nie zuvor gebetet hatte, und erkannte nun, was das eigentliche Gebet ist: Einkehr aus der Vereinzelung der Individuation heraus in das Bewusstsein der Einheit mit allem, was ist, niederknien als das Vergängliche und aufstehen als das Unvergängliche. Erde, Himmel und Meer erklangen wie in einer großen weltumfassenden Harmonie. Mir war es, als umgebe mich der Chor aller Großen, die jemals gelebt hatten. Ich fühlte mich eins mit ihnen und es schien mir, als hörte ich ihren Gruß: ›Auch du gehörst zu der Gemeinschaft derer, die es geschafft haben!‹«[184] Zu den letzten engen Vertrauten Malvida von Meysenbugs zählte der junge Romain Rolland, der – wie wir im Kapitel über das *Meer der Psychologen* sahen – Jahre später in einer Kontroverse mit Sigmund Freud für die religiöse Allverbundenheit mit dem Ganzen den zum geflügelten Wort gewordenen Begriff des »ozeanischen Gefühls« prägen sollte.

Der Weisheitslehrer Jiddu Krishnamurti (1895 - 1986) wirkte mit seinen Vorträgen, Gesprächen und Büchern weltweit. Er gründete Schulen in seiner Heimat Indien, aber auch in Kalifornien und England. Mit seinen Arbeiten wollte er »den Menschen absolut und bedingungslos frei machen«. Naturmystische Erfahrungen wie die folgende am Meeresstrand können den Menschen diesem Ziel näher bringen. Gerade am Meeresstrand erfährt der Mensch – so das Credo Krishnamurtis –, wie Offenheit, Freiheit und Meditation zusammenhängen: »Während der Nacht und des Tages hatte es heftig geregnet, und durch die Abflussrinnen ergoss sich die schlammige Flut hinunter ins Meer und färbte es schokoladenbraun. Als du am Strand entlanggingst, waren die Wellen riesig, und sie brachen sich in großen Bögen von ungeheurer Wucht. Du gingst gegen den Wind, und plötzlich spürtest

Das Meer der Mystiker

du, dass nichts zwischen dir und dem Himmel war, und diese Offenheit war unbeschreiblich. So völlig offen, verwundbar zu sein – gegenüber den Bergen, der See und den Menschen –, ist das eigentliche Wesen der Meditation. Keinen Widerstand zu leisten, keine inneren Sperren gegen irgendetwas zu haben, wirklich vollkommen frei zu sein von all den kleinen Begierden, Zwängen und Forderungen, mit all ihren kleinen Konflikten und Heucheleien, das heißt, dem Leben mit offenen Armen zu begegnen. An diesem Abend, als du dort durch den nassen Sand gingst, von den Möwen umflattert, da überkam dich das außerordentliche Gefühl von Offenheit und Freiheit und der großen Schönheit der Liebe, die weder in dir noch außerhalb von dir war – sie war überall.«[185] Für Krishnamurti kam diese naturmystische Erfahrung einer veritablen Meditation gleich, die – wohlgemerkt ohne Zuhilfenahme lang eingeübter körperlicher und/oder mentaler Techniken – die Tür zum Unermesslichen zu öffnen vermochte.

Mit der Mystik-Renaissance seit Beginn der 1980er-Jahre, aber spätestens seit der Jahrtausendwende greifen auch Theologen bei ihrem »Nachdenken über Gott« expressis verbis auf die alte Gott-Meer-Metaphorik zurück. In seinem Buch *Dornen können Rosen tragen. Mystik – die Zukunft des Christentums* aus dem Jahre 1997 bekennt der 1922 geborene evangelische Theologe Jörg Zink: »Gott ist das Meer alles dessen, was ist. Auch das Meer in mir selbst, das ich nicht ergründe. Glauben könnte ich in diesem zweiten Sinn beschreiben als eine Art von ›ozeanischem Bewusstsein‹. Gerne erkläre ich zum wiederholten Mal, was ich mit all dem über das Verhältnis Gottes zu seiner Welt meine. Immer wieder höre ich, dies sei ›Pantheismus‹ und also mit dem christlichen Glauben nicht zu vereinbaren. Aber weiß denn, wer so urteilt, wovon er spricht? (...) Ich bewahre also beide Gedanken. Gott, das Meer – Gott, die Person. Und am Ende weiß ich: In Gott sind beide Bilder bewahrt und zugleich überstiegen. Und vielleicht komme ich Gott dann am nächsten, wenn ich alles über ihn denke, was ich vermag, und es dann beiseite lege, weil es gewiss in Wahrheit alles noch einmal ganz anders ist.«[186]

Auch der 1925 geborene Benediktinermönch, Zen-Meister der Sanbo-Koydan-Linie und Mystiker Willigis Jäger hat die alte mystische Redetradition vom Meer Gottes neu belebt. In seinem Interviewband *Die Welle ist das Meer* aus dem Jahre 2000 sagt er: »Wenn wir uns die Erste Wirklichkeit als einen unendlichen Ozean vorstellen, dann sind wir so etwas wie die Wellen auf diesem Meer. Wenn nun die Welle erfährt ›Ich bin das Meer‹, dann sind da immer noch zwei: Welle und Meer. In der mystischen Erfahrung aber wird auch diese Dualität überstiegen. Das Ich der Welle verfließt, und an seiner statt erfährt das Meer sich als Welle. Es erfährt sich in der Einheit von beiden und als Einheit von beiden.«[187] Ich und Welt, Innen und Außen erreichen eine nie zuvor gekannte Kongruenz, bis letzten Endes auch die Kategorien von Subjekt und Objekt sich erübrigen, über-flüssig werden, um im Bild zu bleiben.

Lassen wir zum Schluss noch einen lyrischen Gottsucher zu Wort kommen, der sich wie viele Mystiker oftmals an der Grenze des Sag- und Darstellbaren bewegte, diese – und zwar auf humoristische Art und Weise – sogar überschritt und die Prophezeiung wagte: »Neue Dichter seh ich kommen, nach innen den Blick gerichtet –.«[188] Wir meinen den Rudolf-Steiner-Adepten Christian Morgenstern (1871 - 1914) mit dem nach eigener Aussage »tiefsten deutschen Gedicht«, seinem berühmten *Fisches Nachtgesang*[189] aus den *Galgenliedern* von 1905, dessen einfache, an Metren erinnernde Striche und Bögen uns zu den vielfältigsten maritimen Bildassoziationen[190] einladen:

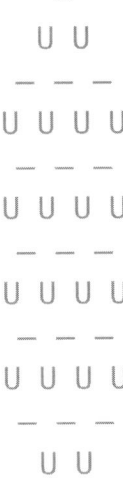

Was sehen wir: Wasserspiegel und Welle? Geöffnete Fischmäuler unter Wasser, der Schuppenleib eines Fisches selbst? Aber vielleicht noch wichtiger: Wie würde sich dieser metasprachliche maritime Nachtgesang denn wohl anhören, wenn Ausdruck nicht in Formel, Individuum nicht in Regel und Akustik nicht in Optik kippen würden?

STATT EINES SCHLUSSWORTES

Eine Fantasiereise ans Meer,
eine kleine Meer-Meditation
mit offenen Augen und
Meer-Zen oder Die Kunst
der großen Wellen

Eine Fantasiereise ans Meer

Du suchst dir einen ruhigen Ort und schließt die Augen.
Es ist ein wunderschöner Sommertag.
Der Himmel ist tiefblau, unendlich weit und wolkenlos.
Das glasklare türkisfarbene Meer funkelt in der Mittagssonne.
Du stellst dir vor, wie du mit bloßen Füßen
am Strand spazieren gehst.
Der Sand ist feinkörnig und hellgelb.
Bei jedem Schritt quillt er zärtlich zwischen deinen Zehen.
Die heranrollenden Wellen umspülen, umschmeicheln
deine Knöchel.
Eine leichte Brise streichelt deinen nackten Körper,
spielt sanft mit deinen Haaren.
Du riechst die reine, frische Luft und
saugst sie tief in deine Lungen ein.
Auf deinen Lippen schmeckst du das Salz des Meeres.
Während du dem gleichmäßigen Rauschen der Wellen lauschst,
verliert sich dein Blick in der Ferne.
Verträumt schaust du einem Segelboot nach,
das am Horizont immer kleiner und kleiner wird.
Oben am Himmel zieht ein Flugzeug eine weiße Kurve,
die dich an die Silhouette einer weiblichen Hüfte erinnert.
Du öffnest die Augen wieder und
kehrst entspannt und erfrischt in deinen Alltag zurück.

Statt eines Schlusswortes

Du bist am Strand oder an Bord eines Schiffes und schaust
aufs Meer – – –
auf seine leicht gekräuselte, vielleicht auch aufgewühlte
Oberfläche.
Du siehst dem Spiel dieser Wellen und Wogen zu.
Nichts sonst gilt deine Aufmerksamkeit.
Dein Körper ist entspannt, deine Atmung geht ruhig.
Du stellst dir vor, dass das Meer dein Spiegel ist,
ja, dass du selbst dieses Meer bist –:
Offen, weit und tief ...
Die Gedanken und Gefühle, die währenddessen in dir auftauchen,
sind wie diese kleineren oder größeren Wellen,
die glitzernd auf der Oberfläche erscheinen,
aber genauso schnell wieder verschwinden.
Du nimmst sie alle wahr,
du nimmst sie alle an,
identifizierst dich jedoch mit keinem.
Ganz gleich, ob es sich um angenehme oder unangenehme,
vermeintlich wichtige oder unbedeutende handelt.
Alle sind bloß Teile von dir,
so wie die Wellen nur Teile des Meeres sind.
Denn du bist viel mehr in deiner Offenheit,
in deiner Weite und
in deiner Tiefe.
In deiner inneren Stille und Ruhe.
In deiner Freiheit und Grenzenlosigkeit.
Du bist das Meer.

»In den frühen Tagen der Meiji-Zeit lebte ein bekannter Ringer namens O-nami, große Wellen. O-nami war ungeheuer stark, und er beherrschte die Kunst des Ringens. In seinen privaten Kämpfen schlug er sogar seinen Lehrer, aber in der Öffentlichkeit war er so schüchtern, dass seine eigenen Schüler ihn besiegten.

O-nami fühlte, dass er sich an einen Zen-Meister um Hilfe wenden müsse. Hakuju, ein wandernder Lehrer, hatte in einem nahen Tempel Rast gemacht. O-nami beschloss, ihn zu treffen und ihm seinen Kummer vorzutragen.

›Große Wellen ist dein Name‹, sagte der Lehrer. ›Bleib heute Nacht in diesem Tempel. Stelle dir vor, dass du diese Wellen bist. Du bist nicht länger ein Ringer, der sich fürchtet. Du bist diese mächtigen Wogen, die alles vor sich herwälzen, die alles verschlingen, was sich in ihrem Weg befindet. Tu das, und du wirst der größte Ringer im Lande sein.‹

Der Lehrer zog sich zurück. O-nami setzte sich zur Meditation nieder und versuchte, sich selbst als Wogen zu fühlen. Er dachte an viele verschiedene Dinge. Dann verwandelte sich sein Gefühl stufenweise mehr und mehr in das von Wogen. Als die Nacht voranschritt, wurden die Wogen höher und höher. Sie schwemmten die Blumen aus ihren Vasen. Sogar der Buddha im Schrein wurde überflutet. Bevor die Dämmerung kam, war der Tempel nichts anderes mehr als die Ebbe und Flut eines ungeheuren Meeres.

Am Meer fand der Lehrer O-nami in Meditation, mit einem zaghaften Lächeln auf dem Gesicht. Er schlug dem Ringer auf die Schulter. ›Jetzt kann dich nichts mehr erschüttern‹, sagte er. ›Du bist diese Wellen. Du wirst alles vor dir herwälzen.‹

Am selben Tag nahm O-nami an einem Ringer-Wettstreit teil und gewann. Danach war keiner mehr in Japan in der Lage, ihn zu besiegen.«[191]

Statt eines Schlusswortes

ANMERKUNGEN

1. Meysenbug, Malvida von, Memoiren einer Idealistin, 5. Aufl., 1900, Bd. III, S. 166, hier zitiert nach: William James, Die Vielfalt religiöser Erfahrung. Eine Studie über die menschliche Natur, Insel Verlag, Frankfurt a. M. 1997, S. 394.
2. Simmel, Georg, Philosophische Kultur, Alfred Kröner Verlag, Leipzig 1919, S. 134-141.
3. Geibel, Emanuel, Ritornelle von den griechischen Inseln. Santorin, in: Ders., Werke, Band 2, Leipzig/Wien 1918, S. 25.
4. Platon, Timaios, in: Sämtliche Werke, Band 5, Nach der Übersetzung von Friedrich Schleiermacher und Hieronymus Müller, Rowohlt Verlag, Hamburg 1983, S. 151f.
5. Fouqué Ferdinand A., Santorini and its eruptions, Translated and annotated by Alexander R. McBirney, The John Hopkins University Press, Baltimore and London 1998.
6. Vincent van Gogh, Brief an seinen Bruder Theo, Arles, im September 1888, in: Ders., Sämtliche Briefe, Band 4, An den Bruder Theo, In der Übersetzung von Eva Schumann, Herausgegeben von Fritz Erpel, Mit einem Vorwort und einem Nachwort des Herausgebers, Lamuv Verlag, 1985, Sonderausgabe für Zweitausendeins, Frankfurt a. M., (Brief 531), S. 139f.
7. Verne, Jules, 20 000 Meilen unter den Meeren. Roman, Aus dem Französischen von Martin Schoske, Fischer Taschenbuch Verlag, Frankfurt a. M. 2010, S. 92.
8. Stifter, Adalbert, zitiert nach: Meeresbrise. Eine kleine literarische Reise, arsEdition, München 2010.
9. Thomas Mann, zitiert nach: Elisabeth Mann Borgese, Mit den Meeren leben. Über den Umgang mit den Ozeanen als globaler Ressource. Ein mare buch, Aus dem Amerikanischen von Sebastian Vogel, Verlag Kiepenheuer & Witsch, Köln 1999, S. 80.
10. Hitchcock, Alfred, Interview with Hugh Wheldon, 1965.
11. Plath, Sylvia, Briefe nach Hause 1950-1963, Ausgewählt und herausgegeben von Aurelia Schober Plath, Fischer Verlag, Frankfurt a. M. 1992, Eintrag am 23. September 1962.
12. Michelet, Jules, Das Meer, Mit einem Vorwort von Michael Krüger, Übersetzt, herausgegeben und mit einem aktuellen Nachwort von Rolf Wintermeyer, Campus Verlag, Franfurt/New York 2006, S. 22.

13. Foucault, Michel, Die Ordnung der Dinge. Eine Archäologie der Humanwissenschaften, Aus dem Französischen von Ulrich Köppen, Frankfurt a. M. 1974, S. 462.

14. Otto, Rudolf, Das Heilige. Über das Irrationale in der Idee des Göttlichen und sein Verhältnis zum Rationalen, Verlag C. H. Beck, München 1979, S. 31.

15. Vgl. Peter Pörtner, Mizu ni e o kaku – Bilder ins Wasser malen. Das Wasser in Japan, in: Hartmut Böhme (Hg.), Kulturgeschichte des Wassers, Suhrkamp Verlag, Frankfurt a. M. 1988, S. 281ff.

16. Kerouac, Jack, Mein Bruder, die See. Erzählung, Aus dem Amerikanischen von Michael Mundhenk, Edel: momenti, Hamburg 2011, S. 62.

17. Hamilton-Paterson, James, Vom Meer. Über die Romantik von Sonnenuntergängen, die Mystik des grünen Blitzes und die dunkle Seite von Delfinen, Aus dem Englischen von Thomas Bodmer, mareverlag, Hamburg 2010, S. 14.

18. Nietzsche, Friedrich, Die fröhliche Wissenschaft, in: Kritische Studienausgabe in 15 Bänden, (KSA), Band 3, Herausgegeben von Giorgio Colli und Mazzino Montinari, Deutscher Taschenbuch Verlag/de Gruyter, München/Berlin/New York, S. 530.

19. Darwin, Charles, zitiert nach: Michelet, Jules, Das Meer, Mit einem Vorwort von Michael Krüger, Übersetzt, herausgegeben und mit einem aktuellen Nachwort von Rolf Wintermeyer, Campus Verlag, Franfurt/New York 2006, S. 112.

20. Michelet, Jules, Das Meer, Mit einem Vorwort von Michael Krüger, Übersetzt, herausgegeben und mit einem aktuellen Nachwort von Rolf Wintermeyer, Campus Verlag, Franfurt/New York 2006, S. 28.

21. Ebd., S. 90.

22. Ebd., S. 90.

23. Ebd., S. 92.

24. Ebd., S. 165.

25. Ebd., S. 100f.

26. Hemingway, Ernest, Der alte Mann und das Meer, Aus dem Amerikanischen von Annemarie Horschitz-Horst, Suhrkamp Verlag, Frankfurt a. M. 1976, S. 16.

27. Wilhelm, Richard, Kommentar: Die Lehren des Laotse, in: Laotse, Tao Te King. Das Buch vom Sinn und Leben, Übersetzt und mit einem Kommentar von Richard Wilhelm, Diederichs/Hugendubel Verlag, Kreuzlingen/München 2004, S. 135.

28. Grigson, Geoffrey, Aphrodite – Göttin der Liebe, Bergisch-Gladbach 1978, S. 119, zitiert nach: Vera Zingsem, Göttinnen großer Kulturen, Deutscher Taschenbuch Verlag, München 1999, S. 136.

29. Antipatros v. Sidon, 2. Jhd. v. Chr., zitiert nach: Vera Zingsem, Göttinnen großer Kulturen, a.a.O., S. 137.

30. Walker, Barbara G. (Hg.), Das geheime Wissen der Frauen. Ein Lexikon, Arun-Verlag, Engerda 2003, S. 1166f.

31. Hesiod, Theogonia, 131 - 137.

32. Hesiod, Theogonia, 364 - 370.

33. Odysseus und die Sirenen, in: Gustav Schwab, Die schönsten Sagen des Klassischen Altertums, Stuttgart 1838 - 40.

34. Vgl. Barbara Stamer, Märchen von Nixen & Wasserfrauen, Nachwort, a.a.O., S. 168f.

35. Die Meernixe und die Aale, Katherine M. Briggs and Ruth L. Tongue, London. Aus dem Englischen übersetzt von Barbara Stamer, zitiert nach: Märchen von Nixen und Meerjungfrauen zum Erzählen und Vorlesen, Herausgegeben und mit einem Nachwort versehen von Barbara Stamer, Mit Originalscherenschnitten von Hedwig Goller, Königsfurt Verlag, Krummwisch bei Kiel 2007, S. 67.

36. Goethe, Johann Wolfgang von, Der Fischer, Ballade, 1779, zitiert nach: Goethes Gedichte in zeitlicher Folge, Herausgegeben von Heinz Nicolai, Insel Verlag, Frankfurt a. M. 1990, S. 223f.

37. Eichendorff, Der Schiffer, 1808, in: Werke in sechs Bänden, Bd. 1, Herausgegeben von Hartwig Schulz, Frankfurt a. M. 1987, S. 44.

38. Schlie, Tania, Frauen am Meer, Mit einem Vorwort von Elke Heidenreich, Thiele Verlag, München/Wien 2010, S. 142.

39. Vgl. Albin Lesky, Thalatta. Der Weg der Griechen zum Meer, Wien 1947.

40. Hippolytos, zitiert nach: Oya Erdoğan, Wasser – Über die Anfänge der Philosophie, Passagen Verlag, Wien 2003, S. 62.

41. Agrippa von Nettesheim, Heinrich Cornelius, Magische Werke, 5 Bde., Berlin 1924, hier: Bd. 1, S. 59f, zitiert nach: Horst Bredekamp, Wasserangst und Wasserfreude in Renaissance und Manierismus, in: Böhme, Hartmut (Hg.), Kulturgeschichte des Wassers, Suhrkamp Verlag, Frankfurt a. M. 1988, S. 157.

42. Paracelsus, zitiert nach: W. Pagel, Das medizinische Weltbild des Paracelsus, Wiesbaden 1962, S. 77.

43. Erdoğan, Oya, Wasser – Über die Anfänge der Philosophie, Passagen Verlag, Wien 2003, S. 63.

44. Herder, Johann Gottfried: »Journal meiner Reise im Jahre 1769«, in: Ders., Werke, Band I, Herausgegeben von Wolfgang Proß, München 1984, S. 364f.

45. Kant, Immanuel, Kritik der reinen Vernunft, Nach der ersten und zweiten Original-Ausgabe neu herausgegeben von Raymund Schmidt, Felix Meiner Verlag, Hamburg 1956, S. 425a.

46. Hegel, Georg Wilhelm Friedrich, Phänomenologie des Geistes, Suhrkamp Verlag, Frankfurt a. M. 1973, S. 37.

47. Vgl. Erdoğan, Wasser, a.a.O., S. 126.

48. Hegel, Georg Wilhelm Friedrich, Vorlesungen über die Philosophie der Geschichte, in: Werke, Bd. 12, Frankfurt a. M., S. 1970, S. 118.

49. Hegel, Georg Wilhelm Friedrich, Vorlesungen über die Philosophie der Geschichte, Werke, Band 12, a.a.O., S. 119.

50. Nietzsche, Friedrich, Lieder des Prinzen Vogelfrei, in: Die fröhliche Wissenschaft, a.a.O., S. 649.

51. Nietzsche, Friedrich, Also sprach Zarathustra. Ein Buch für Alle und Keinen, III. Teil, in: Kritische Studienausgabe, KSA Band 4, a.a.O., S. 290.

52. Nietzsche, Friedrich, Also sprach Zarathustra, a.a.O., S. 267f.

53. Nietzsche, Friedrich, Also sprach Zarathustra, a.a.O., S. 135.

54. Simmel, Georg, Philosophische Kultur, Alfred Kröner Verlag, Leipzig 1919, 2. Aufl., Die Alpen, S. 134-141.

55. Goethe, Johann Wolfgang von, Faust Zweiter Teil, in: Hamburger Ausgabe in 14 Bänden, Dramatische Dichtungen I, Z. 7851-7856, Herausgegeben von Erich Trunz, C. H. Beck Verlag, München 1982-2008.

56. Klages, Der Geist als Widersacher der Seele, Bouvier Verlag Herbert Grundmann, Bonn 1981, S. 1126f.

57. Schmitt, Carl, Land und Meer. Eine weltgeschichtliche Betrachtung, Edition Maschke »Hohenheim«, Köln-Lövenich 1942/1981, S. 8 - 11.

58. Bachelard, Gaston, Die Psychoanalyse des Feuers, Übersetzt von Simon Werle, Verlag Hanser, München 1985, S. 6.

59. Bachelard, Gaston, Poetik des Raums, Aus dem Französischen übersetzt von Kurt Leonhard, Hanser Verlag, München 1975, S. 235 - 238.

60. Emerson, Robert Waldo, Seashore, zitiert nach: Gavin Pretor-Pinney, Kleine Wellenkunde für Dilettanten, Aus dem Englischen von Michael Hein und Yamin von Rauch, Rogner & Bernhard, Berlin 2011, S. 161.

61. Jaspers, Karl, Schicksal und Wille. Autobiographische Schriften, Herausgegeben von Hans Saner, Piper Verlag, München 1967, S. 15f.

62. Mann Borgese, Elisabeth, Mit den Meeren leben. Über den Umgang mit den Ozeanen als globaler Ressource, ein mare buch, Aus dem Amerikanischen von Sebastian Vogel, Verlag Kiepenheuer & Witsch, Köln 1999, S. 26.
63. Guzzoni, Ute, Wasser. Das Meer und die Brunnen, die Flüsse und der Regen, Parerga Verlag, Berlin 2005, S. 9.
64. Cioran, E. M., Aufzeichnungen aus Talamanca, Aus dem Französischen und mit einem Nachwort von Verena von der Heyden-Rynsch, Weissbooks, Frankfurt a. M. 2008, S. 47.
65. Finnisches Sprichwort, zitiert nach: Elisabeth Mann Borgese, Mit den Meeren leben. Über den Umgang mit den Ozeanen als globaler Ressource. Ein mare buch, Aus dem Amerikanischen von Sebastian Vogel, Verlag Kiepenheuer & Witsch, Köln 1999, S. 74.
66. Heine, Heinrich, Die Nordsee, in: Ders., Denn das Meer ist meine Seele. Reisebilder, Prosa und Dramen, Verlag Artemis & Winkler, München 2003, S. 81.
67. Paul, Jean, Selina oder Über die Unsterblichkeit der Seele, aus: Werke, Herausgegeben von Norbert Miller, München 1963, Band 6, S. 1181ff, zitiert nach: Ludger Lütkehaus (Hg.), Tiefenpsychologie. Texte zur Entdeckung des Unbewussten vor Freud, Europäische Verlagsanstalt, Hamburg 1995, S. 81.
68. Baudelaire, Charles, Der Mensch und das Meer, in: Die Blumen des Bösen, Übersetzt von Therese Robinson, Herausgegeben von Franz Blei, zitiert nach: Charles Baudelaire, Gesammelte Schriften, Band 6, Abi Melzer Verlag, Dreieich 1981, S. 21.
69. Maugham, William Somerset, Betörende Südsee, Verlags AG Die Arche, Zürich 1953, zitiert nach: William Somerset Maugham, Bezaubernde Südsee. Mit Bildern von Paul Gauguin, Verlag Herder, Freiburg/Basel/Wien 1999, S. 7.
70. Lipps, Theodor, Der Begriff des Unbewussten in der Psychologie, Aus: Acten des dritten internationalen Congresses für Psychologie in München 1896, München 1897, S. 146 - 164, zitiert nach: Ludger Lütkehaus (Hg.), Tiefenpsychologie. Texte zur Entdeckung des Unbewussten vor Freud, Europäische Verlagsanstalt, Hamburg 1995, S. 246.
71. Goldschmidt, Georges-Arthur, Als Freud das Meer sah. Freud und die deutsche Sprache, Aus dem Französischen von Brigitte Große, Ammann Verlag, Zürich 1999.
72. Goldschmidt, Georges-Arthur, Als Freud das Meer sah, a.a.O., S. 47.

73. Jung, C. G., Symbole der Wandlung. Analyse des Vorspiels zu einer Schizophrenie, Rascher Verlag, Zürich 1952, S. 186.

74. Corbin, Alain, Meereslust, a.a.O., S. 218.

75. Ibsen, Henrik, Erste Aufzeichnungen zu Die Frau vom Meer, zitiert nach: http://de.wikipedia.org/Die-Frau-vom-Meer.

76. Heise, Hans-Jürgen, zitiert nach: Eva Tenzer, Einfach schweben. Wie das Meer den Menschen glücklich macht, marebuchverlag, Hamburg 2007, S. 210.

77. Dahmer, Helmut, Sándor Ferenczi. Leben und Schriften, in: Sándor Ferenczi, Zur Erkenntnis des Unbewussten und andere Schriften zur Psychoanalyse, Herausgegeben und eingeleitet von Helmut Dahmer, Kindler Verlag, München 1978, S. 55.

78. Theweleit, Klaus, Männerphantasien. 1. Frauen, Fluten, Körper, Geschichte, Reinbek bei Hamburg 1980, S. 292.

79. Freud, Sigmund, Das Unbehagen in der Kultur, Kap. Gefühl der Hilflosigkeit als Ursache des Bedürfnisses nach Religion (1930), marix-verlag, Wiesbaden 2010, S. 9.

80. Freud, Sigmund, Editorische Vorbemerkungen zu »Die Zukunft einer Illusion«, in: Ders., Studienausgabe, Band 9, Fischer Verlag, Frankfurt a. M. 1974, S. 137f.

81. Hellpach, Willy, Geopsyche. Die Menschenseele unter dem Einfluss von Wetter und Klima, Boden und Landschaft, Ferdinand Enke Verlag, Stuttgart 1950, S. 95.

82. Addison, zitiert nach: Alain Corbin, Meereslust, a.a.O., S. 163.

83. Bernardin de Saint-Pierre, Jacques-Henri, Harmonies de la nature, 1815, zitiert nach: Alain Corbin, Meereslust, a.a.O., S. 210.

84. Russel, Richard, zitiert nach: Alain Corbin, Meereslust, a.a.O., S. 94.

85. Ebd., S. 91.

86. Düffel, John, Vorwort: Der Schwimmer als Held, zu: Charles Sprawson, Ich nehme dich auf meinen Rücken, vermähle dich dem Ozean. Die Kulturgeschichte des Schwimmens, Herausgegeben und mit einem Vor- und Nachwort versehen von John von Düffel, Übersetzt von John von Düffel und Peter von Düffel, marebuchverlag, Hamburg 2002, S. 11.

87. Corbin, Alain, Meereslust. Das Abendland und die Entdeckung der Küste 1750-1840, a.a.O., S. 130.

88. Schmid-Höhne, Florian, Die Meere in uns. Eine psychologische Untersuchung über das Meer als Bedeutungsraum, Münchner Studien zur Kultur- und Sozialpsychologie, Herausgegeben von Heiner Keupp, Band 17, Centaurus Verlag, Herbolzheim 2006, S. XII.

89. Ebd., S. 83.

90. Ebd., S. 89.

91. Ebd., S. 145.

92. Tenzer, Eva, Einfach schweben. Wie das Meer den Menschen glücklich macht. Marebuchverlag, Hamburg 2007, S. 195.

93. Blumenberg, Hans, Schiffbruch mit Zuschauer. Paradigma einer Daseinsmetapher, Suhrkamp Verlag, Frankfurt a. M. 1997, S. 9.

94. Vgl. Christoph Hönig, Die Lebensfahrt auf dem Meer der Welt. Der Topos. Texte und Interpretationen, Königshausen & Neumann, Würzburg 2000.

95. Seneca, Lucius Annaeus, 70. Brief an Lucilius, 2-4, zitiert nach: Christoph Hönig, Die Lebensfahrt auf dem Meer der Welt, a.a.O., S. 41.

96. Vgl. Lucius Annaeus Seneca, Philosophus, Epistulae 49, 11.

97. Augustinus, Aurelius, De beata vita / Über das glückliche Leben. Anfang. Geschrieben 386 n. Chr., zitiert nach: Christoph Hönig, Die Lebensfahrt auf dem Meer der Welt, a.a.O., S. 45.

98. Adam von Sankt Viktor, Maria, Stern des Meeres, zitiert nach: Christoph Hönig, Die Lebensfahrt auf dem Meer der Welt, a.a.O., S. 50f.

99. Hönig, Christoph, Die Lebensfahrt auf dem Meer der Welt, a.a.O., S. 67.

100. Gryphius, Andreas, An die Welt, veröffentlicht 1643, zitiert nach: Christoph Hönig, Die Lebensfahrt auf dem Meer der Welt, a.a.O., S. 55.

101. Tieck, Ludwig, Poesie, Veröffentlicht 1800, zitiert nach; Christoph Hönig, Die Lebensfahrt auf dem Meer der Welt, a.a.O., S 86.

102. Nietzsche, Friedrich, Nachgelassene Fragmente 1885-1887, KSA, Band 12, a.a.O., S. 168.

103. Nietzsche, Friedrich, Nachgelassene Fragmente 1884-1885, KSA Band 11, a.a.O., S. 610.

104. Kafka, Franz, Der vertriebene Steuermann, Entstanden 1920, Erstveröffentlichung 1936, Überschrift vom Herausgeber Max Brod, zitiert nach: Franz Kafka, Schriften, Tagebücher, Briefe. Kritische Ausgabe. Nachgelassene Schriften und Fragmente II, Herausgegeben von Jost Schillemeit, S. Fischer Verlag, Frankfurt a. M. 1992, S. 324.

105. Enzensberger, Hans Magnus, Leuchtfeuer, veröffentlicht 1964 in dem Gedichtband »Blindenschrift«, zitiert nach: Christoph Hönig, Die Lebensfahrt auf dem Meer der Welt, a.a.O., S. 130.

106. Montaigne, Michel, Essais, II, 17, zitiert nach: Hans Blumenberg, Schiffbruch mit Zuschauer, a.a.O., S. 19.

107. Hönig, Christoph, Die Lebensfahrt auf dem Meer der Welt, a.a.O., S. 33.

108. Zitiert nach; Kristin Zambucka, Princess Kaiulani of Hawaii: The Monarchy's Last Hope, Green Glass Productions, 1998, in: Pretor-Pinney, Gavin, Kleine Wellenkunde für Dilettanten, Aus dem Englischen von Michael Hein und Yamin von Rauch, Rogner & Bernhard, Berlin 2011, S. 331.

109. Beckmann, Max, Brief an seine Frau Minna, 16. März 1915, in: Ders., Briefe im Kriege, Verlag LangenMüller, München 1955.

110. Corbin, Alain, Meereslust. Das Abendland und die Entdeckung der Küste 1750 - 1840, a.a.O., S. 55.

111. Ebd., S. 217.

112. Kleist, Heinrich von, Besprechung des Gemäldes von Caspar David Friedrich »Der Mönch am Meer«, Berliner Abendblätter, 1810.

113. Jensen, Jens Christian, Caspar David Friedrich. Leben und Werk, DuMont Buchverlag, Köln 1985, S. 109f.

114. Heuwinkel, Nicola Carola, Entgrenzte Malerei. Art Informel in Deutschland, Kehrer Verlag, Heidelberg/Berlin 2010, S. 12.

115. Ebd.

116. Vgl. Andrew Wilton, Turner and His Time, London 1987, S. 231.

117. I Ging. Text und Materialien, Aus dem Chinesischen übersetzt von Richard Wilhelm, Einleitung von Wolfgang Bauer, Wilhelm Heyne Verlag, München 1998, S. 174. © der Übersetzung von Richard Wilhelm 1973 by Eugen Diederichs Verlag, München.

118. Taillandier, Yvon, Monet, Aus dem Französischen übersetzt von Helga Künzel, Südwest Verlag München o.J., S. 46.

119. Taillandier, Yvon, Monet, a.a.O., S. 40.

120. Claude Monet, zitiert nach: Yvon Taillandier, Monet, a.a.O., S. 40.

121. Vgl. M. Guillemot: Claude Monet, La revue illustrée, 15. März 1898, zitiert nach: John Rewald, Die Geschichte des Impressionismus. Schicksal und Werk der Maler einer großen Epoche der Kunst, DuMont Buchverlag, Köln 1979, S. 189f.

122. Emil Nolde, zitiert nach: Anna Brenken / Heinz Teufel, Emil Nolde und seine Landschaft, Ellert & Richter Verlag, Hamburg 2002, S. 70.

123. Renner, Edward Hopper 1882-1967. Transformation des Realen, Taschen Verlag, Köln 2003, S. 92.

Anmerkungen

124. Kranzfelder, Ivo, Edward Hopper 1882-1967. Vision und Wirklichkeit, Taschen Verlag, Köln/Lisboa/London/New York/Paris/Tokyo 1998, S. 189f.

125. Hopper, Edward, zitiert nach: Gail Levin, Edward Hopper 1882 - 1967. Gemälde und Zeichnungen, München 1981, S. 9.

126. Zweite, Armin, Sehen, Reflektieren, Erscheinen. Anmerkungen zum Werk von Gerhard Richter, in: Gerhard Richter, Herausgegeben von der Kunstsammlung Nordrhein-Westfalen, Mit einem Essay von Armin Zweite und dem Werkverzeichnis 1993-2004, Richter Verlag, Düsseldorf 2005, S. 24.

127. Baader, Hannah, Gischt. Zu einer Geschichte des Meeres, in: Baader, Hannah/Wolf, Gerhard (Hg.), Das Meer, der Tausch und die Grenzen der Repräsentation, Diaphanes, Zürich/Berlin 2010, S. 20.

128. Ebd., S. 25.

129. Richter, Gerhard, Texte, Schriften und Interviews, Herausgegeben von Hans-Ulrich Obrist, Franfurt a. M./Leipzig 1993, S. 207,171,69.

130. Warhol, Andy, zitiert nach: Eva Tenzer, Einfach schweben, a.a.O., S. 162.

131. Bülow, Hans Guido Freiherr von, zitiert nach: Hans-Joachim Hinrichs, Musikalische Rhythmustheorien um 1900, in: Barbara Naumann (Hg.), Rhythmus. Spuren eines Wechselspiels in Künsten und Wissenschaften, Verlag Königshausen & Neumann, Würzburg 2005, S. 141.

132. Duden, Etymologie. Herkunftswörterbuch der deutschen Sprache, Duden Band 7, Dudenverlag, Mannheim/Wien/Zürich, S. 568.

133. Benn, Gottfried, Liebe, in: Gedichte in der Fassung der Erstdrucke, Herausgegeben von Bruno Hillebrand, Fischer Verlag, Frankfurt a. M. 1982, S. 212.

134. Dühring, Eugen, Wert des Lebens, zitiert nach: Rudolf Eisler, Wörterbuch der philosophischen Begriffe, Band 2, Berlin 1904, S. 273 - 274.

135. Michelet, Jules, Das Meer, Mit einem Vorwort von Michael Krüger, Übersetzt, herausgegeben und mit einem aktuellen Nachwort von Rolf Wintermeyer, Campus Verlag, Franfurt/New York 2006, S. 287.

136. Mann, Thomas, Buddenbrooks. Verfall einer Familie, Roman (1901), S. Fischer Verlag, Frankfurt 1960, S. 740.

137. Tenzer, Eva, Einfach schweben. Wie das Meer den Menschen glücklich macht. Marebuchverlag, Hamburg 2007, S. 49.

138. Kerouac, Jack, Big Sur, McGraw-Hill Book Company, New York 1981, S. 224f.

139. Hellpach, Willy, Geopsyche. Die Menschenseele unter dem Einfluss von Wetter und Klima, Boden und Landschaft, Ferdinand Enke Verlag, Stuttgart 1950, S. 178f.

140. Nin, Anaïs, Das Delta der Venus, Roman, Aus dem Amerikanischen von Eva Bornemann, Droemersche Verlagsanstalt Th. Knaur Nachf., München 2002, S. 326.

141. Groult, Benoîte, Salz auf unserer Haut, Verlag Droemer Knaur, München 1988, hier zitiert nach: Eva Tenzer, Einfach schweben, a.a.O., S. 68.

142. Tenzer, Eva, Einfach schweben. Wie das Meer den Menschen glücklich macht. Marebuchverlag, Hamburg 2007, S. 124.

143. Diesen Hinweis verdanke ich Dominique Brübach, Freiburg i. Br.

144. Vgl. Joachim-Ernst Berendt, Das Dritte Ohr. Vom Hören der Welt, Rowohlt Verlag, Reinbek bei Hamburg 1998, S. 373f.

145. Bašić, Nikola, zitiert nach: Wasser- und Lichtorgel, Internet: http://home.arcor.de/fewo-rosa/waserrorgel.htm (abgerufen im August 2011).

146. Zahlreiche wertvolle Hinweise zum Thema »Meer« in der klassischen Musik verdanke ich meinem Vater, dem Musiker und Musikwissenschaftler Rudolf Franz Reschika (vgl. u. a.: Bruckner. Gestalten und Archetypen seiner Musik, Gehann-Musik-Verlag, Kludenbach 2007).

147. Claude Debussy, zitiert nach: Dietrich Fischer-Diskau, Fern die Klage des Fauns. Claude Debussy und seine Welt, Deutsche Verlags-Anstalt, Stuttgart 1993, S. 329.

148. Ebd.

149. Ebd.

150. Ebd.

151. Ebd.

152. Ebd., S. 329f.

153. Dömling, Wolfgang, Claude Debussy, La Mer, Meisterwerke der Musik, Wilhelm Fink Verlag, München 1977, S. 26.

154. Claude Debussy, zitiert nach: Wolfgang Dömling, Claude Debussy, a.a.O., S. 26

155. Ebd.

156. Fischer-Dieskau, Dietrich, Fern die Klage des Fauns. Claude Debussy und seine Welt, Deutsche Verlags-Anstalt, Stuttgart 1993, S. 332.

157. Paul Cézanne, zitiert nach: Wolfgang Dömling, Claude Debussy, a.a.O., S. 29.

158. Barraqué, Jean, Claude Debussy in Selbstzeugnissen und Bilddokumenten, Aus dem Französischen übertragen von Clarita Waege und Hortensia Weiher-Waege, Rowohlt Verlag, Reinbek bei Hamburg 1980, S. 126f.

159. Britten, Benjamin, 1945, zitiert nach: http://de.wikipedia.org/wiki/Peter_Grimes (abgerufen im September 2011).

160. The Beatles, Yellow Submarine, zitiert nach: http://www.beatles.onlinehome.de/yellow1.html (abgerufen im August 2011).

161. The Beatles, Octopus's Garden, zitiert nach: http://wwww.golyr.de/the-beatles/songtext-octopus-s-garden-300785.html (abgerufen im August 2011).

162. Diesen Hinweis verdanke ich Thomas Menzel aus Vörstetten bei Freiburg.

163. Pink Floyd, Echoes, zitiert nach: http://www.golyr.de/pink-floyd/songtext-echoes-506418.html (abgerufen im August 2011).

164. Wyatt, Robert, Sea Song, zitiert nach: http://lyricstime.com/robert-wyatt-sea-song-lyrics.html (abgerufen im August 2011).

165. Ambrosius von Mailand, Hexameron (Sechstagewerk), zitiert nach: Heimo Reinitzer, Wasser des Todes und Wasser des Lebens. Über den geistigen Sinn des Wassers im Mittelalter, in: Böhme, Hartmut (Hg.), Kulturgeschichte des Wassers, Suhrkamp Verlag, Frankfurt a. M. 1988, S. 103f.

166. Johannes Tauler (V 41, 176, 10f), zitiert nach Kurt Ruh, Geschichte der abendländischen Mystik, Band III Die Mystik des deutschen Predigerordens und ihre Grundlegung durch die Hochscholastik, C. H. Beck Verlag, München 1996, S. 524.

167. Bayezid, zitiert nach: Ulrich Holbein, Dies Meer hat keine Ufer. Klassische Sufi-Mystik, marixverlag, Wiesbaden 2009, S. 98.

168. Fariduddin 'Attar, zitiert nach: Ulrich Holbein, Dies Meer hat keine Ufer. Klassische Sufi-Mystik, marixverlag, Wiesbaden 2009, S. 52.

169. Rumi, »Mathnawi«, Buch 2, Vers 3781 + 3783, zitiert nach: Ulrich Holbein, Dies Meer hat keine Ufer. Klassische Sufi-Mystik, marixverlag, Wiesbaden 2009, S. 109.

170. Rumi, Tales from Masnavi, o. J. Rumi kommentiert dabei das berühmte Gleichnis vom *Elefanten in der Dunkelheit*, der von einigen Männern befühlt wird, mit dem Ergebnis, dass jeder etwas anderes zu erkennen glaubt: einen Wasserschlauch (Rüssel), einen Fächer (Ohr), eine Säule (Bein) und einen Thron (Rücken).

171. Vgl. u. a. Daniel Ladinsky, Ich hörte Gott lachen. Gedichte inspiriert von Hafiz, Aus dem Amerikanischen übersetzt von Chandrava-
li Divya Schang, Arbor Verlag, Freiburg im Breisgau 2011, S. 89.

172. Weiß, Bardo, Ekstase und Liebe. Die Unio mystica bei den deutschen Mystikerinnen des 12. und 13. Jahrhunderts, Ferdinand Schö-
ningh, Paderborn/München/Wien/Zürich 2000, S. 538 - 562.

173. Stolz, Alban, Legende oder Der christliche Sternenhimmel, 3. Auflage, Herder'sche Verlagsbuchhandlung, Freiburg im Breisgau
1865.

174. Porète, Margareta, Der Spiegel der einfachen Seelen. Wege der
Frauenmystik, Aus dem Altfranzösischen übertragen und mit einem
Nachwort und Anmerkungen von Louise Gnädinger, Artemis Ver-
lag, Zürich und München 1987, S. 58.

175. Dante, Alighieri, Göttliche Komödie, Kap. 33, Verse 82 - 84, 100 -
102.

176. Vgl. dazu Richard Reschika, Praxis christlicher Mystik. Einübungen – von den Wüstenvätern bis zur Gegenwart, Verlag Herder,
Freiburg/Basel/Wien 2007, S. 29.

177. Lüers, Grete, Die Sprache der deutschen Mystik des Mittelalters
im Werke der Mechthild von Magdeburg, Wissenschaftliche Buchgesellschaft, Darmstadt 1966, Nachdruck der Ausgabe München
1926, S. 104f.

178. Meuthen, Erich, Nikolaus von Kues 1401 - 1464. Skizze einer Bio-
graphie, Aschendorffsche Verlagsbuchhandlung, Münster 1992,
S. 55.

179. Vgl. Coincidentia oppositorum, Artikel in: Metzler Philosophie
Lexikon, Begriffe und Definitionen, 2. erweiterte und aktualisierte
Auflage, Herausgegeben von Peter Prechtl und Franz-Peter Bur-
kard, Verlag J. B. Metzler, Stuttgart/Weimar 1999, S. 91.

180. Kues, Nikolaus von, Brief des Autors an den Herrn Kardinal Ju-
lian, Vollendet in Kues am 12. Februar 1440, zitiert nach: Niko-
laus von Kues, De docta ignorantia – Die belehrte Unwissenheit,
Philosophisch-theologische Werke, Lateinisch – deutsch, Mit einer
Einleitung von Karl Bormann, Übersetzt und herausgegeben von
Paul Wilpert und Hans Gerhard Senger, Band 1, Wissenschaftliche
Buchgesellschaft, © Felix Meiner Verlag, Hamburg 2002, S. Bd. III,
99f.

181. Bouhours, Dominique, Les entretiens d'Ariste et d'Eugène, Ams-
terdam 1671, zitiert nach: Alain Corbin, Meereslust, a.a.O., S. 48.

182. Fabricius, Johann Albert, Hydrotheologie, zitiert nach: Udo Krolzik, Das Wasser als theologisches Thema der deutschen Frühaufklärung bei Johann Albert Fabricius, in: Kulturgeschichte des Wassers, Herausgegeben von Hartmut Böhme, Suhrkamp Verlag, Frankfurt a. M. 1988, S.197.

183. Novalis, zitiert nach: Ludwig Klages, Der Geist als Widersacher Seele, a.a.O., S. 896f.

184. Meysenbug, Malvida von, Memoiren einer Idealistin, 5. Aufl., 1900, Bd. III, S. 166, hier zitiert nach: William James, Die Vielfalt religiöser Erfahrung, a.a.O., S. 394.

185. Krishnamurti, Jiddu, Liebe gleicht dem Duft der Rose, Aus dem Englischen von Anne Ruth Frank-Strauss, Verlag Herder, Freiburg/Basel/Wien 2000, S. 86.

186. Zink, Jörg, Dornen können Rosen tragen. Mystik – die Zukunft des Christentums, Kreuz Verlag, Stuttgart 1997, S. 194ff.

187. Jäger, Willigis, Die Welle ist das Meer, Verlag Herder, Freiburg/Basel/Wien 2000, S. 42

188. Morgenstern, Christian, Stufen. Eine Entwickelung in Aphorismen und Tagebuch-Notizen, München 1918/1946, S. 37.

189. Morgenstern, Christian, Fisches Nachtgesang, Galgenlieder, in: Ders., Sämtliche Dichtungen, Herausgegeben von H. O. Proskauer, 17 Bde., Basel 1971ff, Bd. 6, S. 29.

190. Eine Deutung dieses Gedichtes findet sich bei Gerhard Kaiser, Geschichte der deutschen Lyrik von Heine bis zur Gegenwart. Ein Grundriss in Interpretationen Erster Teil, Suhrkamp Verlag, Frankfurt a. M. 1991, S. 255f.

191. Große Wellen, in: 101 Zen-Geschichten, Herausgegeben von Paul Reps, Patmos Verlag, Düsseldorf 2003, S. 20f, aus: Paul Reps »Ohne Worte – Ohne Schweigen«. 101 Zen-Geschichten und andere Zen-Texte aus vier Jahrtausenden, © 1976 alle deutschsprachigen Rechte by Scherz Verlag, Bern/München/Wien für den O. W. Barth Verlag. Die Fähigkeit, zu Wasser zu werden, sich in Wasser zu verwandeln, wie sie in dieser Geschichte geschildert wird, hat im Zen noch einen tieferen Sinn: Sie stellt einen buddhistischen Erleuchtungsgrad dar. Aufgrund seiner Eigenschaften ist es eine veritable Metapher des absoluten Buddhaleibes. (A.d.V.)

LITERATUR

Bachelard, Gaston, Poetik des Raums, Aus dem Französischen übertragen von Kurt Leonhard, Carl Hanser Verlag, München 1960.

Baader, Hannah/Wolf, Gerhard (Hg.), Das Meer, der Tausch und die Grenzen der Repräsentation, Diaphanes, Zürich/Berlin 2010.

Beckenhagen, Ekhart, Schifffahrt in der Weltliteratur. Ein Panorama aus fünf Jahrtausenden, Ernst Kabel Verlag, Bremerhaven 1995.

Blumenberg, Hans, Schiffbruch mit Zuschauer. Paradigma einer Daseinsmetapher, Suhrkamp Verlag, Frankfurt a. M. 1997.

Böhme, Hartmut (Hg.), Kulturgeschichte des Wassers, Suhrkamp Verlag, Frankfurt a. M. 1988.

Clarke, Thurston, Die Insel. Eine Welt für sich, Marebuchverlag, Hamburg 2003.

Corbin, Alain, Meereslust. Das Abendland und die Entdeckung der Küste 1750 - 1840, Aus dem Französischen von Grete Osterwald, Verlag Klaus Wagenbach, Berlin 1990.

Elsner, Alfredo, Die Sehnsucht nach dem Meer, Weidlich Verlag im Verlagshaus, Würzburg 1990.

Erdoğan, Oya, Wasser – Über die Anfänge der Philosophie, Passagen Verlag, Wien 2003.

Feldbusch, Thorsten, Zwischen Land und Meer. Schreiben auf den Grenzen, Königshausen & Neumann, Würzburg 2003.

Ferenczi, Sándor, Zur Erkenntnis des Unbewussten und andere Schriften zur Psychoanalyse, Herausgegeben und eingeleitet von Helmut Dahmer, Kindler Verlag, München 1978.

Goldschmidt, Georges-Arthur, Als Freud das Meer sah. Freud und die deutsche Sprache, Aus dem Französischen von Brigitte Große, Ammann Verlag, Zürich 1999.

Guzzoni, Ute, Wasser. Das Meer und die Brunnen, die Flüsse und der Regen, Parerga Verlag, Berlin 2005.

Hamilton-Paterson, James, Vom Meer. Über die Romantik von Sonnenuntergängen, die Mystik des grünen Blitzes und die dunkle Seite von Delfinen, Aus dem Englischen von Thomas Bodmer, mareverlag, Hamburg 2010.

Hellpach, Willy, Geopsyche. Die Menschenseele unter dem Einfluss von Wetter und Klima, Boden und Landschaft, Ferdinand Enke Verlag, Stuttgart 1950.

Holbein, Ulrich, Dies Meer hat keine Ufer. Klassische Sufi-Mystik, marixverlag, Wiesbaden 2009.

Hönig, Christoph, Die Lebensfahrt auf dem Meer der Welt. Der Topos. Texte und Interpretationen, Verlag Königshausen & Neumann, Würzburg 2000.

Jäger, Willigis, Die Welle ist das Meer, Verlag Herder, Freiburg/ Basel/Wien 2000.

Jaspers, Karl, Schicksal und Wille. Autobiographische Schriften, Herausgegeben von Hans Saner, Piper Verlag, München 1967.

Kaufmann, Jean-Claude, Frauenkörper – Männerblicke. Soziologie des Oben-ohne, UVK Verlagsgesellschaft, Konstanz 1996.

Krahé, Peter, Literarische Seestücke. Darstellungen von Meer und Seefahrt in der englischen Literatur des 18. bis 20. Jahrhunderts, Schriften des Deutschen Schifffahrtsmuseums, Herausgegeben von Detlev Ellmers, Wolf-Dieter Hoheisel und Gert Schlechtriem, Schriftleitung: Uwe Schnall, Band 31, Ernst Kabel Verlag, Hamburg 1992.

Lesky, Albin, Thalatta. Der Weg der Griechen zum Meer, Arno Press, Wien 1947.

Mann Borgese, Elisabeth, Mit den Meeren leben. Über den Umgang mit den Ozeanen als globaler Ressource, ein mare buch, Aus dem Amerikanischen von Sebastian Vogel, Verlag Kiepenheuer & Witsch, Köln 1999.

Michelet, Jules, Das Meer, Mit einem Vorwort von Michael Krüger, Übersetzt, herausgegeben und mit einem aktuellen Nachwort von Rolf Wintermeyer, Campus Verlag, Franfurt/New York 2006.

Neidhart, Christoph, Ostsee. Das Meer in unserer Mitte, marebuchverlag, Hamburg 2003.

Pretor-Pinney, Gavin, Kleine Wellenkunde für Dilettanten, Aus dem Englischen von Michael Hein und Yamin von Rauch, Rogner & Bernhard, Berlin 2011.

Schlie, Tania, Frauen am Meer, Mit einem Vorwort von Elke Heidenreich, Thiele Verlag, München/Wien 2010.

Schmid-Höhne, Florian, Die Meere in uns. Eine psychologische Untersuchung über das Meer als Bedeutungsraum, Münchner Studien zur Kultur- und Sozialpsychologie, Herausgegeben von Heiner Keupp, Band 17, Centaurus Verlag, Herbolzheim 2006.

Schmitt, Carl, Land und Meer. Eine weltgeschichtliche Betrachtung, Edition Maschke »Hohenheim«, Köln-Lövenich 1942/1981.

Simmel, Georg, Philosophische Kultur, Alfred Kröner Verlag, Leipzig 1919.

Souza, Philipp de, Seefahrt und Zivilisation. Wie die Beherrschung der Meere die Menschheitsgeschichte prägte, Marebuchverlag, Hamburg 2003.

Sprawson, Charles, Ich nehme dich auf meinen Rücken, vermähle dich dem Ozean. Die Kulturgeschichte des Schwimmens, Herausgegeben und mit einem Vor- und Nachwort versehen von John von Düffel, Übersetzt von John von Düffel und Peter von Düffel, marebuchverlag, Hamburg 2002.

Stammer, Barbara (Hg.), Märchen von Nixen und Meerjungfrauen zum Erzählen und Vorlesen, Herausgegeben und mit einem Nachwort versehen von Barbara Stamer, Mit Originalscherenschnitten von Hedwig Goller, Königsfurt Verlag, Krummwisch bei Kiel 2007.

Stolzenberger, Günter, Meer Geschichten. Ein literarisches Lesebuch, DTV, München 2000.

Tenzer, Eva, Einfach schweben. Wie das Meer den Menschen glücklich macht. Marebuchverlag, Hamburg 2007.

Wüstner, Andrea (Hg.), Das Meer. Gedichte, Reclam Verlag, Stuttgart 2005.

DER AUTOR

Foto: Thomas Menzel

Richard Reschika, geboren 1962 in Kronstadt/ Siebenbürgen (Rumänien). Studium der Germanistik, Evangelischen Theologie, Kunstgeschichte und Philosophie in Freiburg im Breisgau und Heidelberg. 1988 Magister Artium, 1990 Promotion zum Dr. phil. über die Spätlyrik Paul Celans. 1989/90 Kustos des Friedrich-Nietzsche-Museums in Sils-Maria im Engadin (Graubünden/ Schweiz). 1991-94 Lektor beim Herder Verlag. Seit 1995 tätig als freier Lektor, (Rundfunk-)Autor für den SWR 2, Herausgeber, Übersetzer aus dem Rumänischen und Englischen, Rezensent, Vortragstätigkeit. Mitglied der Ludwig-Klages-Gesellschaft. Lebt in Freiburg im Breisgau. Zahlreiche Publikationen und Hörfunk-Essays.

Buchpublikationen (Auswahl):

Poesie und Apokalypse. Paul Celans *Jerusalem-Gedichte* aus dem Nachlassband *Zeitgehöft*, Centaurus-Verlagsgesellschaft, Pfaffenweiler 1991.

E. M. Cioran zur Einführung, Junius Verlag, Hamburg 1995 (rumänische Ausgabe 1998).

Mircea Eliade zur Einführung, Junius Verlag, Hamburg 1997 (rumänische Ausgabe 2000).

Philosophische Abenteurer. Elf Profile von der Renaissance bis zur Gegenwart, Mohr und Siebeck, UTB, Tübingen 2001.

Nietzsches Bestiarium. Der Mensch – das wahnwitzige Tier. Bilder von Keuchenius, Omega Verlag, Stuttgart 2003.

Mircea Eliade interkulturell gelesen, Traugott Bautz Verlag, Nordhausen 2006.

Praxis christlicher Mystik. Einübungen – von den Wüstenvätern bis zur Gegenwart, Verlag Herder, Freiburg/Basel/Wien 2007.

Der Autor

Wie viele Engel können auf einer Nadelspitze tanzen? Alles, was Sie über Religion noch nicht wissen, Diederichs Verlag, München 2008.

Theologie der Zärtlichkeit, Vier-Türme-Verlag, Münsterschwarzach 2009.

Das Versprechen der Ekstase. Eine philosophische Reise durch das erotische Werk von Georges Bataille und Julius Evola, Projekt-Verlag, Bochum/Freiburg 2011.

Christentum. 50 Fragen – 50 Antworten, Gütersloher Verlagshaus, Gütersloh 2011.

Übersetzungen dreier Eliade-Romane aus dem Rumänischen: Die Hooligans, Verlag Herder, Freiburg/Basel/Wien 1993; Der besessene Bibliothekar, Insel Verlag, Frankfurt/M. 1995; Isabelle und die Wasser des Teufels, Insel Verlag, Frankfurt/M. 2001, und Eliades Essayband: Indiens mystische Erotik, Verlag der Weltreligionen im Insel Verlag, Berlin 2011; sowie aus dem Amerikanischen: Gendün Chöpel, Die tibetische Liebeskunst. Eros, Ekstase und spirituelle Heilung, Hans-Nietzsch-Verlag, Freiburg 2006.

Zahlreiche Hörfunkessays für den SWF beziehungsweise den SWR 2 Kultur in Baden-Baden/Stuttgart.

Bibliografische Information der Deutschen Nationalbibliothek

Die Deutsche Nationalbibliothek verzeichnet diese Publikation
in der Deutschen Nationalbibliografie; detaillierte bibliografische
Daten sind im Internet über http://dnb.d-nb.de abrufbar.

MIX

Papier aus ver-
antwortungsvollen
Quellen

FSC® C005833

Verlagsgruppe Random House FSC-DEU-0100
Das für dieses Buch verwendete FSC-zertifizierte
Papier *Munken Premium Cream* liefert
Arctic Paper Munkedals AB, Schweden.

1. Auflage
Copyright © 2012 by Gütersloher Verlagshaus, Gütersloh,
in der Verlagsgruppe Random House GmbH, München

Dieses Werk einschließlich aller seiner Teile ist urheberrechtlich geschützt.
Jede Verwertung außerhalb der engen Grenzen des Urheberrechtsgesetzes ist
ohne Zustimmung des Verlages unzulässig und strafbar. Das gilt insbesondere
für Vervielfältigungen, Übersetzungen, Mikroverfilmungen und die Einspei-
cherung und Verarbeitung in elektronischen Systemen.

Coverfoto: © Peter Carroll/First Light/Corbis
Innenteilfotos: fotolia.com
Druck und Einband: Těšínská tiskárna, a.s., Český Těšín
Printed in Czech Republic
ISBN 978-3-579-06667-7
www.gtvh.de